JN082471

貿易実務の基本と三国間貿易 完全解説

第2版

大阪市立大学商学部講師
リーガルマネジメントLLP代表
司法書士・行政書士

中矢一虎 ［著］

Trilateral Trade

中央経済社

は じ め に

　2009年12月に実務に即した貿易業務と貿易書類・英文契約書のすべてを一冊にまとめた書籍として『貿易実務ハンドブック』を出版させていただき，また，2015年5月には本書『貿易実務の基本と三国間貿易完全解説』を出版させていただいた。

　今回の本書改訂版では，2020年1月1日から「国際商業会議所のインコタームズ2020」の新規則発効および「日米貿易協定」の発効に伴い，新しい内容を付加している。

　さて，私は職業柄，大学生だけでなく貿易業務に携わる企業の皆さまとの接点が多いため，貿易実務と国際取引法務に関するさまざまな個別相談を受ける。

　特に最近業務相談が多いのは次の3つである。

　1．三国間取引についての業務の進め方と考え方
　2．日本と外国との経済連携協定（EPA）や外国間の自由貿易協定（FTA）
　　を日常業務にどのように取り組むのかという具体策と，自己申告による原
　　産地証明書等の作成
　3．国際取引を行ううえでの英文契約書の作成とその後の相手方との交渉，
　　さらに英文契約書内容の修正方法

　従来，日本のメーカーは品質の良い物品を製造した後，日本の商社に貿易を任せてきた。しかし，最近の大手商社は商品本部ごとに川上（資源確保や材料調達）から，川中（貿易や流通・在庫）と川下（最終消費者）の一貫した事業投資を行うことが主流となっていることから，日本のメーカー自身が自ら国際取引を行うのが当然という時代に変化している。

　さらに，国内の専門商社でさえ，国際商取引に関与しなければ企業としての

将来性や発展が失われるとの危機感から，貿易実務と英文契約書の修得が必須となっている。

　このような状況下において，貿易実務の入門書は多数出版されているものの，三国間取引に関する書籍は多く出版されていない。

　また，日本と外国との間の経済連携協定（EPA）に関する情報は，税関・商工会議所そして政府機関から提供されているが，日本の輸出者・生産者が自ら作成する原産地証明書等のひな型や外国間の自由貿易協定（FTA）に言及しているものは少ないのが現状である。

　そこで，本書は貿易実務の基本から三国間貿易，そして自己証明による原産地証明書等のひな型や外国間の自由貿易協定の具体的利用を目的としてまとめたものである。

　最後に，本書は中央経済社の杉原茂樹編集長の力強い支援により出来上がったものであり，著者としてこの場を借りて感謝の意を表したい。

2020年1月

中矢　一虎

目　次

第１編■貿易実務の基本知識

目　次

2

第３編■三国間貿易の完全解説

第５章■三国間貿易―――――――――――――――――― 171

面積（Square）	0.0929M2 ≒ 1 square feet（sft）
個数	piece = pc, each = ea, dozen = dz

〔重量トンと容積トン〕

重量トン（Weight ton）
a)　日本／フランス：メートルトン：1,000kg= 1 Metric Ton b)　英国：ロングトン：1,016kg ≒ 1 Long Ton c)　米国：ショートトン：907kg ≒ 1 Short Ton
容積トン（Measurement Ton）
a)　1M3＝1M/T b)　1.133M3 ≒40cft= 1 M/T

②　梱包（Packing）

　梱包の主な種類は次のとおりである（通関実務上，繊維製品を「古着」と扱うためには，梱包状態がベール等でなければ認められない。また，輸入通関時の関税等の適用時に，梱包状態によって税率が変わることがあるので注意が必要である）。

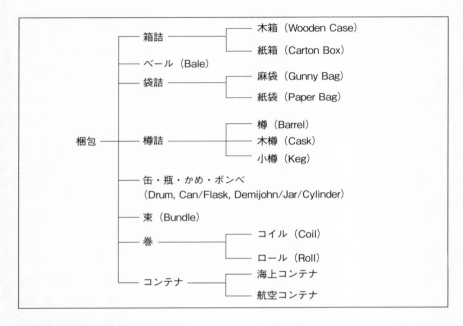

(4)　支払条件（Payment）

　主要な支払条件は，以下のとおりである。支払方法と支払時期を組み合わせて条件を決定することとなる。

① **支払方法：電信送金 T／T remittance（T／T：Telegraphic Transfer）**
　（ⅰ）　前払い（Advance Payment）
　（ⅱ）　後払い（Deferred Payment）　例：at 120 days after shipment

② **支払条件：信用状（L／C：Letter of Credit）**
　（ⅰ）　一覧払い（at sight）
　（ⅱ）　期限付払い　例：at 120 days after sight〔一覧後120日払い〕

参考　信用状について

1　信用状とは
① 輸入者側の銀行により
② 輸入者の依頼に基づき開設および発行し
③ 輸出者に対して
④ 一定の条件（信用状記載の条件）を満たすことで
⑤ 輸入者に代わって
⑥ 輸出者の振り出す為替手形の引受や支払いを行うか，または，輸入者宛の手形を買い取ることを約束した
⑦ 輸出代金支払い保証状である。

2　信用状の当事者（四面関係）

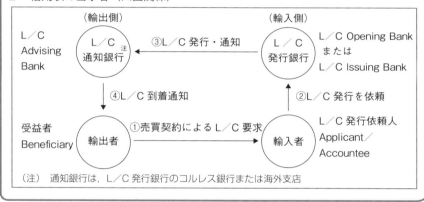

（注）　通知銀行は，L／C発行銀行のコルレス銀行または海外支店

(5) 船積条件

　輸出地に停泊している船舶や航空機等の輸送機関に輸出商品を積み込むこと，およびその輸送機関が積荷を終えて目的地に向けて出航・離陸等出発する事実状態を船積みと呼ぶ。契約では，船積みの時期と船積みを行う場所・国を特定する。

> **参考**　積替（換）（Transshipment）について
>
> 　下記の図のように，輸出港を出港したＡ船が途中の中継地点まで貨物を運搬し，中継港でいったん貨物を荷卸しして，一時蔵置する。その後，別のＢ船が配船されると，中継港で貨物を荷積みして，最終目的港に向かう運送方法を積替（換）と呼ぶ。
>
> 　この方法では，中継地点での「一時蔵置」等であることが必要となる。最近では，運輸事業の効率性の観点から，中小の船会社だけでなく，大手の船会社においてもよく利用している。貿易事業者からすると，この方法による船会社の船賃は直行便よりも一般的には安価となるので，メリットがある一方で，貨物の輸入者側での貨物引取りの時期が，中継港から輸入港に運ぶ船舶が配船遅延によって遅れることもあるので，注意しなければならない。
>
>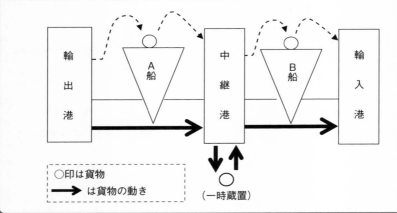
>
> 　○印は貨物
> ──▶　は貨物の動き

３．貿易条件とインコタームズ【インコタームズ2020概要】

（1）　貿易条件

　貿易条件とは，貿易取引を行う際に，貿易の当事者が負うべき①費用の範囲，②危険の範囲 およびその他 8 項目の義務を決める商品受渡の際の条件である。

①　費用の範囲

　国際貿易では，売主が価格表示している要素に，例えば国際運賃・輸送費や損害保険の契約掛金である保険料が含まれているのかどうかを，明確にする必

要がある。

　インコタームズでは，アルファベット３文字の略記号によって，売手や買手の表示価格に運賃・保険料等の費用が含まれるのか否かについてはっきりとさせることができる。

　インコタームズ2020では，輸出・輸入通関手続きや，その費用およびコンテナターミナルにおける諸経費についても明確にしただけではなく，売主または買主による業務上の手配についても明らかにした。

費用	輸出 出荷前	輸出 接続輸送	輸出 通関	本船 積込	国際 運送	(国際貨物 損害)保険	輸入 荷卸	輸入 通関	輸入 接続輸送
FOB	○	○	○	○	×	―	×	×	×
CFR	○	○	○	○	○	―	×	×	×
CIF	○	○	○	○	○	○	×	×	×

※注：○…売主側の手配と費用範囲，×…買主側の手配と費用範囲，―…ルール上，双方に義務無し（ただし，実務上は買主にて保険の手配をするのが一般的）

②　<発展>　危険の範囲

　国際取引において，売主が買主に商品引渡し完了後,売主・買主の両方ともに責任が無いにも関わらず，商品が滅失・損傷して損害発生する場合がある。

　例えば，売主と買主の契約で，商品の引渡し場所は売主側の輸出港に停泊している船上で行うこととしたと仮定する。そのとき，次のようなトラブルが発生したとする。

(i)　輸出契約が成立したので，売主が商品を港まで運んだところ，売主から買主に商品引渡しの前に大洪水が発生して港の埠頭に置かれていた商品が水に流されて，損失が発生した場合

(ii)　売主から買主に輸出港の船舶上で商品引渡し完了した後，船が予定通り出航した。しかし，その船は台風に遭遇して船が沈没し，国際貨物の滅失となったような場合

　これら(i)(ii)の事故・事件は，売主と買主の両方に責任はない。しかし，残念ながら契約して引き渡すべきであった商品は失われている。したがって，もし売主がその損失を負担する場合は商品代金の回収不能という結果になる反面，

もし買主が損失を負担するとなれば，買主は商品を受領できないにもかかわらず商品代金の支払いを売主に対して行わなければならない。貿易条件では，その損失について，契約両当事者が事前に契約した引渡しが完了する前であれば（(i)のケース）売主の損失負担であり，逆に引渡しが完了した後であれば（(ii)のケース）買主の損失負担となる。これが，貿易条件インコタームズの損失負担または，危険負担の問題である。つまり，契約のルールによって売主から買主への商品引渡場所を決定し，その時点で危険（貨物損失責任）が売主から買主に移転することにしたのである。

　ここでぜひ注意して欲しいことがある。それは，売主から買主への貨物引渡場所となる危険移転の場所と，費用の範囲が一致しないルールが存在する（CFR・CIF・CPT・CIP）ことである。

　インコタームズ2020では，FOB・CFR・CIFにおける危険の移転場所は，このルールにおいて三規則ともに共通しており，"本船の船上に物品を置いたところ"としている。その理由は，インコタームズ2020において，売主から買主への貨物の「引渡し」を三規則共通として"本船の船上に物品を置いたとき"と解釈しているからである。しかし，費用の範囲はFOBの費用に海上運賃を加算するとCFR，CFRの費用に海上貨物保険料を加算することでCIFとして，表記することにしているので，注意が必要である。

危険	輸出 出荷前	輸出 接続輸送	輸出 通関	輸出港 本船積込前	輸出港 本船積込後	本船出航後， 輸入港へ
FOB	○	○	○	○	×	×
CFR	○	○	○	○	×	×
CIF	○	○	○	○	×	×

※注：○…売主側の危険負担，　×…買主側の危険負担

③　＜発展＞　所有権

　インコタームズでは，売主から買主への商品の所有権（物品に対して自由に使用・収益・処分できる権利）に関して，どの場所・時期に移転するかについては，何ら定めがないことに注意して欲しい。所有権の移転は，売主・買主の契約条件や商慣習または取引の準拠法で決まる。

④　<発展>　**世界の貿易条件解釈基準**

　貿易条件では，個別の取引ごとに条件を決めるのは一般的ではなく，国際的に取り決められた解釈基準を利用する。解釈基準としては，インコタームズがある。

　（米国の業者は，時々，2003年に条文削除された米国統一商法に基づく改正アメリカ貿易定義の貿易条件を指定してくることがある。特に，FOB条件の解釈に大きな相違があるため，貿易条件としてFOBが指定されているときは注意が必要である。）

(2)　インコタームズ

①　インコタームズの誕生

　INCOTERMS（International Commercial Terms）とは，国際商業会議所（ICC）が輸出入取引に関して，定型的な取引条件，特に当事者間の費用範囲の限界と危険範囲の限界等を定めたもので，輸出入当事者の商慣習が国によって異なることから発生する取引条件の誤差や，紛争・訴訟を防止する目的により，定型取引条件の解釈に関する国際規則を1936年に制定したのが始まりである（インコタームズは，民間のルールであり，国際条約ではない）。

　その後，国際貿易取引の実態に合わせるため，1953年，1967年，1976年，1980年，1990年，2000年，2010年に修正および追加が行われている。

　1990年，2000年および2010年の改訂は，輸送方法の変化，特にコンテナ輸送，複合一貫輸送，近距離海上輸送における道路輸送車両や鉄道貨物を用いたRO／RO輸送，航空輸送などの実態に合わせたものである。

　そして，2020年1月1日より，新規のインコタームズ2020が発効した。インコタームズ2020は，欧州連合など各国間での関税障壁の少ない貿易圏の取引の広がり，商取引の電子通信の使用，物品移動の安全の高まり，そして，輸送実務の変化を考慮して作られている。その結果，「持込渡（delivered）」規則を更新・集約してDATを削除し，新たにDPUを創設して，全部で11種類の規

則にまとめた。

②　インコタームズ2020

インコタームズ2020では，全部で11種類の規則が，"いかなる単一または複数の輸送手段に適した規則"と，"海上及び内陸水輸送に適した規則"の2つに分類されている。

■いかなる単一または複数の輸送手段（船舶・飛行機・トラック・列車・その他の単一輸送，及びそれらの複合輸送）に適した規則

EXW	EX Works	工場渡
FCA	Free CArrier	運送人渡
CPT	Carriage Paid To	輸送費込
CIP	Carriage Insurance Paid To	輸送費・保険料込
DAP	Delivered At Place	仕向地持込渡
DPU	Delivered At Place Unloaded	荷卸込持込渡
DDP	Delivered Duty Paid	輸入通関・関税込持込渡

■海上及び内陸水路輸送に適した規則

FAS	Free Alongside Ship	船側渡
FOB	Free On Board	本船渡
CFR	Cost and FReight	運賃込
CIF	Cost Insurance and Freight	運賃保険料込

（理論）原則的に，インコタームズ2020は，過去のインコタームズ2010の理論を承継している。従って，航空機輸送やコンテナ専用船舶輸送では，物品がコンテナ・ターミナルで輸送人に引渡しされる場合のように，物品が本船の船上に置かれる前の引渡しでは，FOB等は不適切であり，FCA・CPT・CIP等の規則使用がルール化されている。その一方で，指定船積港で本船上での物品引渡しを行う等の在来船やタンカー船等の輸送においてFOB・CFR・CIFを使用することがインコタームズ2020にも明確に規定されている。[（実務）しかし，アジア貿易実務では，航空輸送やコンテナ船舶輸送においてもFOBやCIFが使用されることも少なくない。]

③　インコタームズ2010からインコタームズ2020への変更点

(i)　新たな規則「DPU」

インコタームズ2020では，DAT（Delivered At Terminal：ターミナル持込渡）を削除して，DPU（Delivered at Place Unloaded：荷卸込持込渡）を新設した。

その理由として，国際商業会議所（ICC）としては，ターミナルという物理的な場所に注目するのではなく，貨物の荷卸義務を売主に課すことで，その荷卸義務が完了した時点において"引渡完了"とするためDPU（Delivered at Place Unloaded）としたのである。

(ii)　CIF と CIP の（海上貨物等）損害保険補償範囲の差異化

インコタームズ2010では，CIF・CIP の保険補償条件を ICC（C）または同種の保険付保義務（旧協会約款の分損不担保，FPA 条件）と規定していた。

しかし，インコタームズ2020では CIP において保険付保義務を ICC（A）または利用する運送手段に相応しい同種の約款（旧協会約款の全危険担保，All Risks 条件）により補償範囲を満たす保険付保を売主に義務付けした。

その一方で，インコタームズ2020は，CIF では従来通りの保険付保義務として ICC（C）または同種の保険付保義務と規定した。

これは，今回のインコタームズ2020の策定段階において，相場性商品（石油・コークス等）を取扱う伝統的海上運送関係者からの要望として，今までの低い保険補償範囲の維持要求が強くあったためである。

［（実務）なお，日本の貿易実務上では，従来から，海上貨物等の CIF・CIP について ICC（A）または All Risks（全危険担保条件）が一般的であることに注意して欲しい。］

【参考①】 新協会貨物約款の基本的な保険条件

事故の種類 ＼ 保険条件	ICC（A）	ICC（B）	ICC（C）
火災・爆発	○	○	○
船舶又は艀の沈没・座礁	○	○	○
陸上輸送用具の転覆・脱線	○	○	○
輸送用具の衝突	○	○	○
地震・噴火・雷	○	○	×
海・湖・河川の水の輸送用具保管場所等への侵入	○	○	×
船舶への積込・荷卸中の落下による梱包1個毎の全損	○	○	×
汗濡れ	○	●	×
擦損・かぎ損	○	●	×
虫食い・ねずみ食い	○	●	×
盗難・抜き荷・不着	○	●	●
破損・まがり・へこみ	○	●	●
漏出・不足	○	●	●
汚染・混合	○	●	●
共同海損	○	○	○

○ … 保険金支払いの対象となる
× … ICC（B）の特約として引受するのが一般的である
● … 特約がある場合に支払いの対象となる
I.C.C.（A）… 旧協会約款の All Risks とほぼ同内容（包括責任主義）
I.C.C.（B）… 特定の危険による損害を保険カバー
I.C.C.（C）…（B）の方が（C）より広い　　※（I.C.C. は Institute Cargo Clauses の略）

【参考②】旧協会貨物約款の基本的な保険条件

保険条件＼事故の種類	オール・リスクス担保（A/R）	分損担保（W.A.）	分損不担保（F.P.A）
火災・爆発	○	○	○
輸送用具の沈没・座礁	○	○	○
輸送用具の転覆・脱線	○	○	○
輸送用具の衝突	○	○	○
荒天遭遇による潮濡れ	○	○	△
雨・雪等による濡れ	○	●	×
汗濡れ	○	●	×
擦損・かぎ損	○	●	×
虫食い・ねずみ食い	○	●	×
盗難・抜き荷・不着	○	●	●
破損・まがり・へこみ	○	●	●
漏出・不足	○	●	●
汚染・混合	○	●	●
共同海損	○	○	○

○・・・保険金支払いの対象となる

△・・・全損の場合のみ支払いの対象となる

×・・・分損担保（W.A.）の特約として引受するのが一般的である

●・・・特約ある場合に支払いの対象となる

(iii)　FCA 規則に "船積完了" 付記のある船荷証券（"On Board" Notation in B/L［Bill of Lading］）を含めたこと

インコタームズ2010では，FCA において "船積完了" 付記のある船荷証券は要求されていなかった。

しかし，新たにインコタームズ2020において，FCA の規則として "船積完了" 付記のある船荷証券の売主から買主への提供を認めた。

ただし，これはあくまでも規則「引渡・運送書類」として決めたものであり，危険の移転は FCA として売主から買主への貨物引渡地点（例えば，港湾のコンテナターミナル内での貨物引渡し）であることは，ルールには変更はない。

［（実務）従来から日本の貿易実務では，FCA 条件による船積みにおいて，売主は船会社等から発行される船荷証券について Received B/L（受取式船荷証券）ではなく，On Board B/L または Shipped B/L（船積完了式船荷証券）にて事務処理することが一般的であった。従って，実務的にはこの点について大きな変化はない。］

(iv)　その他

ⓐ　インコタームズ2010では，全ての規則において，第三者運送人による貨物輸送を前提としていたが，インコタームズ2020は，FCA・DAP・DPU・DDP の規則において，売主または買主の自己運送手段による手配を認めた。

［（実務）日本では，第三者運送機関である船会社・航空会社の利用が一般的であり，この点も実務的には大きな変化はない。］

ⓑ　インコタームズ2020では，安全関係要件として，改正 SOLAS 条約（The International Convention for the Safety of Life at Sea：海上における人命の安全のための国際条約）と，それに基づく VGM（Verified Gross Mass：輸出コンテナ貨物総重量確定制度）を取り入れている。従って，ルールの A7 ／ B7（輸出通関／輸入通関）と A10 ／ B10（通知）の義務項目以外に「引渡し」と「費用分担」の義務項目に安全関連規定が置かれている。

ⓒ　新たな義務項目

A　売主の義務	B　買主の義務
A1　一般的義務	B1　一般的義務
A2　引渡し	B2　引渡しの受取り
A3　危険の移転	B3　危険の移転
A4　運送	B4　運送
A5　保険契約	B5　保険契約
A6　引渡書類／運送書類	B6　引渡書類／運送書類
A7　輸出通関／輸入通関	B7　輸出通関／輸入通関
A8　照合／包装／荷印	B8　照合／包装／荷印
A9　費用の分担	B9　費用の分担
A10　通知	B10　通知

④　<発展>　インコタームズ2020と貿易実務

　国際商業会議所（本部　フランス国　パリ市）は，国連とは違って私的機関である。従って国際商業会議所の定めたインコタームズ2020は，条約や法律等の強行規定とは違って，民間のルールであり任意規則である。貿易取引は，当事者である売主と買主の自由な取引契約を前提としているので，貿易実務の現場では最近のインコタームズ2020ではなく，古いインコタームズ等のルールもアジア貿易では使用される現実が有ることも知っておきたい。

　さらに，日本政府（財務省および税関）では，外国貿易等に関する統計について，基本通達により原則として輸出統計をFOB価格，輸入統計をCIF価格と指定している。

[インコタームズ2020の理論と実務の乖離（かいり）]

　日本の財務省や税関が発表する「外国貿易等に関する統計」は，関税法第102条に基づいて作成される。その統計価額は通達により，原則として「輸出：FOB価格」「輸入：CIF価格」にて作成される。また，日本企業による中国やアジア向け貿易取引においては，航空機やコンテナ専用船を利用することが多く，この場合，貿易当事者の作成する契約書やインボイス（仕入書）に貿易条件として「FOB/CFR（C&F）/CIF」と記載されていることが実務上は多い。

　しかし，インコタームズ2020のルールでは，FOB/CFR/CIFは船舶の中で在来船等の利用において使用されるものであり，航空機やコンテナ専用船の輸送では，FCA/CPT/CIPを利用すべきであると明記しているが，中国やアジア諸国との貿易実務上ではそうなっていないことが多い。

　このように，インコタームズは国際条約や法律とは異なり，商慣習ゆえ，罰則規定が無く，またインコタームズを発行している国際商業会議所も契約当事者の契約自由を認めていることから，インコタームズ2020の理論と，実務上の貿易条件記載表現が乖離（かいり）していることもアジア貿易では多いことを知っておきたい。

インコタームズ2020の各規則（理論）

[Ⅰ]　どのような輸送形式についても適した規則
　　　（いかなる単一または複数の運送手段にも適した規則）

1　EXW：Ex Works：工場渡

	輸出出荷前	輸出接続輸送	輸出通関	国際輸送	輸入通関	輸入接続輸送
費用	○	×	×	×	×	×
手配	○	×	×	×	×	×

※注：○…売主の手配義務，×…買主の手配義務

① 概要

EXW「工場渡」は，売主が売主の施設またはその他の指定場所（例えば売主以外の工場や倉庫）において，物品を積み込むことなく，買主の処分に委ねた時に引き渡しの義務が終了する。つまり，売主は，買主の受取のために物品を車輌に積み込む義務は無く，また，輸出通関を行う義務もない。よって，売主の価格表示には，貨物積込前までの費用を表示すれば良く，危険の分岐点も同じように貨物積込前となる。

なお，このEXWを使う場合は，買主の意向により売主が物品を輸送用車輌に積込む事があっても，物品積込開始後の費用と危険は買主側となることに注意してほしい。

② 輸出／輸入の許可・通関等手続き

輸出／輸入の許可・通関等は，すべて買主側に取得義務がある。国際輸送と国際貨物（海上／航空）損害保険の契約締結義務は，売主にはない。（従って，国際輸送・国際貨物（海上／航空）損害保険契約は，買主が自ら買主の国で契約締結をして，買主が輸入地で国際輸送費や国際貨物損害保険料の支払いを直接行うことになる。）

③ 物品の包装

物品の包装については，原則として売主側にて包装しなければならず，物品引渡に関する照合作業（品質・容積・重量・個数等）は，売主の義務である。しかし，輸出地における税関等での船積前検査に係わる費用が発生した場合は，買主側にて負担することになる。

④　実務上の注意（物品の引渡しと危険の分岐点，および買主の損害保険付保）

上記の①のとおり，EXW では売主の施設等で，物品を買主の処分に委ねた
とき，売主から買主への物品の引渡しが完了し，かつ　その時点で，危険は
売主から買主に移転する。実務的には，買主が指定する売主国側の倉庫等で
の引渡しのケースも多く見受けられる。

2　FCA：Free CArrier：運送人渡

【ケース(ⅰ)：売主の施設の場合】

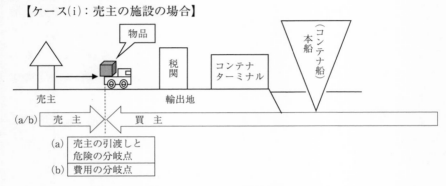

【ケース(ⅱ)：合意指定地の場合（例：輸出地のコンテナターミナル内等）】

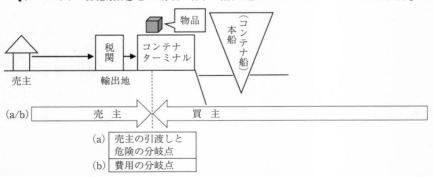

	輸出出荷前	輸出接続輸送	輸出通関	国際輸送	輸入通関	輸入接続輸送
費用	○	(○)	○	×	×	×
手配	○	(○)	○	×	×	×

※注：○…売主の手配義務，×…買主の手配義務，(○)…ケース（ⅱ）の場合

① 概要

FCA「運送人渡」は，売主の施設またはその他の合意指定地で，買主によって指名された運送人（例えばコンテナ船会社や航空会社，またはそれらの代理人）等に物品を引渡す条件である。物品の危険は，その施設や指定地の地点における貨物の引渡しにより買主に移転する。FCAでは，売主が物品の輸出通関を行うが，輸入地での輸入通関手続きや関税支払いの手続きを行う義務はない。

② 運送人（船会社・航空会社）の指定権者

FCAでは，原則として買主が運送人（コンテナ船会社や航空会社等）を指定する。従って，買主が運送人等を指定しないことによって発生する追加費用は，買主が負うことになる。

③ 輸出通関手続の義務

輸出地での輸出通関手続は，売主の義務となる。また輸出の際，輸出地の税関等による船積前検査が発生した場合は，売主側の義務になる。

3 CPT：Carriage Paid to：輸送費込

【FCA ケース(ⅱ)の場合】

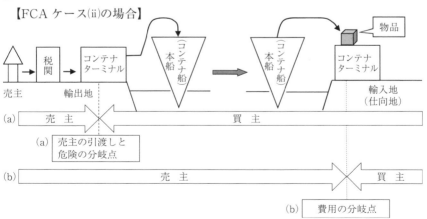

	輸出出荷前	輸出接続輸送	輸出通関	国際輸送	輸入通関	輸入接続輸送
費用	○	(○)	○	○	×	×
手配	○	(○)	○	○	×	×

※注：○…売主の手配義務，×…買主の手配義務

① 概要

CPT「輸送費込」は，売主が両当事者合意の指定場所（例えば，輸出地の港湾・空港のコンテナターミナル内）で，"売主が指定した輸送人等（船会社等）"に物品を引渡し，かつ，指定仕向地（輸入地）へ物品を運ぶために必要な国際運送契約を締結して，売主が売主側の国で，船舶等の輸送費用を直接支払うことになる。

よって，国際輸送費は，船舶・航空会社が輸出国を出発する前に売主から輸送会社に支払われるので，輸送費は"前払い（Prepaid）"となる。もちろん，この国際輸送費用は売主が自ら自腹を切って負担するのではない。貿易取引の中で，売主が船会社等から取得する国際輸送費の見積額を取得し，その金額をFCA価格に加算した上でCPT価格として買主から代金回収することになる。

② 危険の分岐点

CPTの場合，売主が価格表示する場合，その価格には国際輸送費を含めて表示するが，物品の危険の分岐点は，売主・輸出地における物品引渡地（FCAのケース(i)における売主の施設や，ケース(ii)における合意指定地）が原則である。つまり，FCAのケース(i)の場合ならば，物品を第一の運送人に引渡した地点，そしてケース(ii)の場合ならば，物品をコンテナターミナル内の運送人・オペレーターに引渡した地点で，危険が売主から買主に移転する。

③ 表示価格（費用）の内容

CPTでは，売主の表示する価格には，物品に関するFCA費用だけでなく

Carriage（輸送費）の費用を加算した価格費用範囲になる。「輸送費とは，輸出地でのコンテナ船への荷積み費用，船賃（Freight：輸出地の岸壁から輸入地の岸壁までの運航費），さらに輸入地での荷卸し費用を理論上は含む。これをコンテナ船の Liner Term と呼ぶ。」

4　CIP：Carriage and Insurance Paid to：輸送費保険料込

【FCA ケース(ii)の場合】

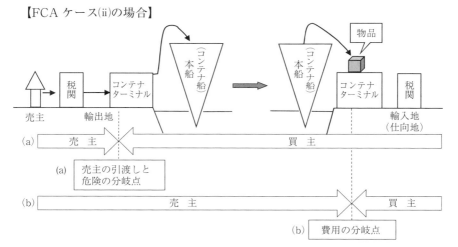

	輸出出荷前	輸出接続輸送	輸出通関	国際輸送	(国際貨物損害)保険	輸入通関	輸入接続輸送
費用	○	(○)	○	○	○	×	×
手配	○	(○)	○	○	○	×	×

※注：○…売主の手配義務，×…買主の手配義務

① 概要

　3に記載した CPT 条件に，国際貨物の損害保険に関する保険料を加えて，売手が価格表示する条件が CIP「輸送費保険料込み」である。

② 保険（貨物損害保険）の条件内容

　貨物の損害保険契約の保険条件としては，協会貨物約款（ロンドン国際保険

業者協会）のICC（A）条件，または，同種の約款（All Risks条件）によるべきであると規定されている。そして，国際貨物損害保険契約とその保険料の支払いは，（通常，売主はその保険料代金を買主から取り立てるが）売主が買主のために，売主側の損害保険会社に行うことになる。

そしてこの保険は，信頼のおける保険業者，または保険会社と契約しなければならず，かつ，物品に対する被保険者利益を有する買主その他の者が，直接，保険者（保険業者・会社）に請求できる権利がなければならない。

またインコタームズ2020では，両者の合意によって戦争約款等の付款を，保険契約できることとしている。

③　（参考）CIP における損害保険付保範囲（特約を除く）

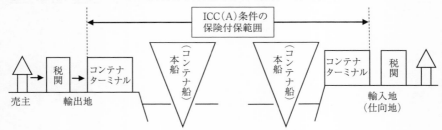

5　DAP：Delivered At Place：仕向地持込渡

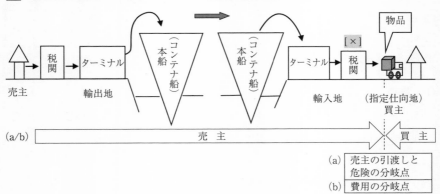

	輸出出荷前	輸出接続輸送	輸出通関	国際輸送	輸入通関	輸入接続輸送	仕向地荷卸
費用	○	○	○	○	×	○	×
手配	○	○	○	○	×	○	×

※注：○…売主の手配義務，×…買主の手配義務

① 概要

　DAP「仕向地持込渡」は，インコタームズ2000の，DAF／DES／DDUの３条件をひとつにまとめたことから，（輸入地）指定仕向地において荷卸の準備ができている，または，到着した輸送機関により物品が買主の処分に委ねられたときに，売主の商品引渡しの義務が終了する。よって，売主の危険負担は，指定仕向地まで物品を運ぶ間も負うことになる。

　なお，仕向地における荷卸の費用は，原則として買主が負担すべきものだが，両者の別段の合意なく売主が負担すると，売主は買主に対して，その費用を回収することができないと規定されている。また，DAPでは売主は輸入通関手続き等を行う義務はないため，売主側で輸入通関等も含めて行うならば，DDP条件を使用すべきであると規定している。

② 輸出通関と輸入通関

　売主は，輸出通関の実行や輸出許可等を取得しなければならないが，輸入通関等の手続きをする義務はない。

　輸入通関手続きの手配と輸入時の関税・諸税等の支払義務は買主であることから，仮に，買主がそれらの手配や支払義務を怠ったときは物品滅失等の危険負担は買主となることに注意しなければならない。

6　DPU：Delivered at Place Unloaded：荷卸込持込渡

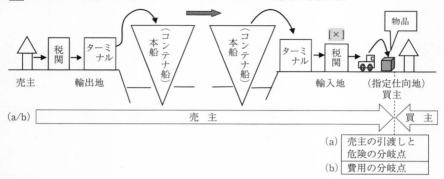

	輸出出荷前	輸出接続輸送	輸出通関	国際輸送	輸入通関	輸入接続輸送	仕向地荷卸
費用	○	○	○	○	×	○	○
手配	○	○	○	○	×	○	○

※注：○…売主の手配義務，×…買主の手配義務

① 概要

DPU「荷卸込持込渡」は，インコタームズ2010の，DAT を削除して，新規インコタームズ2020にて新設された規則である。（輸入地）指定仕向地に物品を荷卸完了するときに，売主の商品引渡し義務が終了する。従って，売主の物品に関する危険負担は，買主の指定仕向地および貨物荷卸しも含めて負うことになる。

また，売主の費用の分岐点は買主の指定仕向地かつその場所での貨物荷卸し費用も含むが，その一方で，輸入時の輸入通関手続諸掛・関税額・間接税額等の費用は含まれない。

② 輸出通関と輸入通関

売主は，輸出通関に係わる手続きと輸出国税関の輸出許可等を取得するが，売主に輸入通関手続の義務は無いので，買主が自らの費用と危険負担にて輸入通関を行う。

輸入通関手続きの手配と輸入時の関税・諸税等の支払義務は買主であることから，仮に買主がそれらの手配や支払義務を怠ったときは，物品滅失等の危険負担は買主となることに注意しなければならない。

7 DDP：Delivered Duty Paid：関税込持込渡

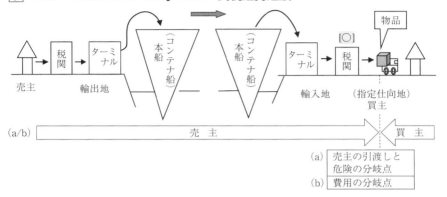

	輸出出荷前	輸出接続輸送	輸出通関	国際輸送	輸入通関	輸入接続輸送	仕向地荷卸
費用	○	○	○	○	○	○	×
手配	○	○	○	○	○	○	×

※注：○…売主の手配義務，×…買主の手配義務

① 概要

DDP「関税込持込渡」は，物品が輸入地での輸入通関後，指定仕向地において荷卸の準備が行われ，買主の処分に委ねられた状態により，売主の引渡し義務が完了する。

つまり，売主は指定仕向地まで，物品を運ぶ事が義務となるため，価格表示された数字には，指定仕向地までの，輸出通関等手続き，国際運輸・輸入通関等手続及び，輸入地での指定仕向地までの輸入接続輸送の費用すべてが，含まれる必要がある。しかし，売主の費用には，仕向地荷卸費用は含まれない。

また，売主は指定仕向地まで一切の危険負担を負うため，注意が必要である。

② 売主の運送契約

売主は DDP による契約を買主と締結すると，指定仕向地まで物品の運送契約を締結する必要がある。

[Ⅱ]　海上及び内陸水路輸送に適した規則
1　FAS：Free Alongside Ship：船側渡

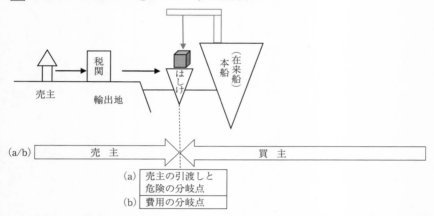

	輸出出荷前	輸出接続輸送	輸出通関	はしけ輸送	本船積込	国際運送	輸入荷卸	輸入通関
費用	○	○	○	○	×	×	×	×
手配	○	○	○	○	×	×	×	×

※注：○…売主の手配義務，×…買主の手配義務

① 概要

FAS「船側渡」は，底の浅い港において本船が沖合に停泊しているため，売手が輸出地の税関での輸出通関手続き完了後，はしけ等を利用して沖合の本船の船側まで物品を運んで，買手に貨物引渡しを行う規則である。

② 国際輸送契約と本船の指定

買主が国際輸送機関との契約を行うので，本船の手配も行う。

2　FOB：Free On Board：本船渡

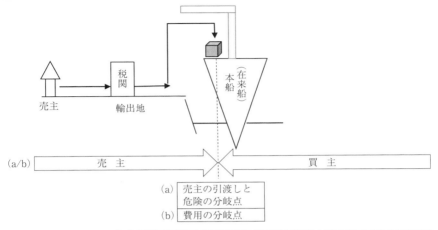

	輸出出荷前	輸出接続輸送	輸出通関	本船積込	国際運送	輸入荷卸	輸入通関	輸入接続輸送
費用	○	○	○	○	×	×	×	×
手配	○	○	○	○	×	×	×	×

※注：○…売主の手配義務，×…買主の手配義務

① 概要

　FOB「本船渡」は，海上または内陸水路輸送に使用される規定である。インコタームズ2020のルールにおいて，FCA は，ターミナルで引渡されるコンテナを使用するコンテナ専用船への利用が，より適切であり，FOB は，コンテナ船ではない在来船により物品が本船の船上に置かれることを対象とすると規定している。

　FOB は，売主が指定船積港において，買主によって指定された本船の船上で物品を引渡すことを意味する。よって，物品の危険負担は，物品が本船の船上に置かれた時に，売主から買主に移転する。

　FOB では，売主が輸出通関手続等をする義務があり，輸入通関等を行う義務はない。

② 国際輸送契約と本船の指定

FOB は，FAS と同様に，国際輸送機関との契約は買主が行うのが原則であり，かつ，本船の指定も原則として買主が行う。

③ CFR：Cost and FReight：運賃込

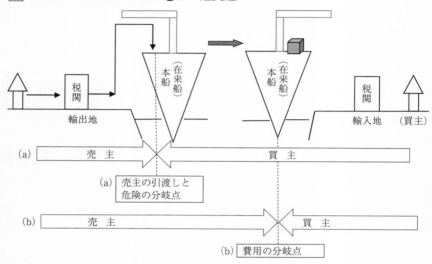

	輸出出荷前	輸出接続輸送	輸出通関	本船積込	国際運送	輸入荷卸	輸入通関	輸入接続輸送
費用	○	○	○	○	○	×	×	×
手配	○	○	○	○	○	×	×	×

※注：○…売主の手配義務，×…買主の手配義務

① 概要

CFR「運賃込」は，海上または内陸水路輸送にのみ使用されるべきであるときと規定されている。

CFR は，売主が本船の船上で物品を引渡しますが，費用の範囲では仕向港（輸入地）や，合意された仕向地点までの運賃を含めて表示する。よって，その仕向地までの運送契約義務は売主にあるので，通常，船賃は輸出地を出航す

る前に，売主によって支払われることになる。（もちろん，この船賃自体は最終的には買主が負担すべきものなので，売手は買手からその船賃を売買契約を通じて代金回収を行う。）

また，物品の引渡しは輸出地の船上甲板であるから，危険負担は，前述のFOBと同じ地点となるので，費用の範囲と危険分岐点にズレが生じるので注意しなければならない。

② 国際運送契約と本船の指定

CFRでは，売主に国際運送契約をする義務があるので，本船の指定も売主が行う。

なお，輸入地の荷卸以降については買主の義務となる。

4 CIF：Cost, Insurance and Freight：運賃保険料込

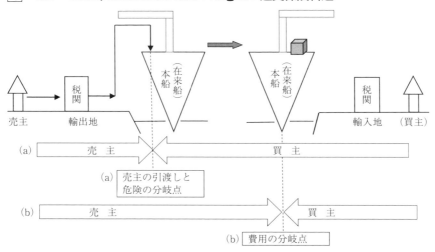

	輸出出荷前	輸出接続輸送	輸出通関	本船積込	国際運送	(国際貨物損害)保険	輸入荷卸	輸入通関	輸入接続輸送
費用	○	○	○	○	○	○	×	×	×
手配	○	○	○	○	○	○	×	×	×

※注：○…売主の手配義務，×…買主の手配義務

① 概要

CIF「運賃保険料込」は，海上または内陸水路輸送にのみ使用されるべきであると規定されている。

CIF では，前述の CFR 条件に，貨物損害保険の付保義務を売主に課したものである。そして，この保険の条件は，CIP とは異なり，インコタームズ2020では，ICC（C）条件または同種の約款によるべきと規定している。

② 国際運送契約と本船の指定並びに保険契約

これら両方の契約及び本船の指定は，売主の義務となる。

第 2 章

貿易書類

1．荷為替手形（船積書類と為替手形）

　売主側で貨物を物流業者などに手渡して，港湾や倉庫まで運んでもらうように手配するとともに，輸出通関手続に必要な書類を売主が作成する。日本では従来，輸出・輸入通関時において，その申告時にインボイスの提出が求められた。

　しかし，現在は貿易手続簡素化による関税法等の改正により，原則としてインボイスや契約書等の税関への提出は不要であり，税関長が輸出・輸入の許可をするに際して必要と判断するときに，それらの提出が求められることとなった。36頁の図のように，船荷証券等の運送状やインボイスなどの書類を船積書類（Shipping Documents）と呼ぶ。輸出通関手続と船積みの実行が終わると，売主は輸出の支払条件が電信送金・前払いの場合は，輸出に関係する船積書類を直接買主に送付する。

　しかし，信用状付の取引では為替手形を使った支払条件となるので，船積書類は銀行経由で買主の手に渡ることになる。つまり，信用状付取引においては，売主が直接買主に宛てて船積書類を直送するのではない。

　船積書類と為替手形は合わせて「荷為替手形」と呼ばれる。

　最近，日本を含む先進国では，紙ベースの為替手形の扱いは減っており，電子データ交換での取扱いが増えている。

船積書類
船荷証券等の運送状
インボイス（送り状・仕入書）
梱包明細書（パッキング・リスト）
原産地証明書（任意）
検査証明書（任意）
重量容積証明書（任意）
海上保険証券（CIF 等の際に必要）

＋

為替手形

Draft または
Bill of Exchange

荷為替手形
Documentary
Draft または
Documentary
Bill of Exchange

●輸出為替手形●

BILL OF EXCHANGE

NO.202143

FOR （①USD 120,000.00）　　　　　　　　　　　NAGOYA, August 30, 20XX

AT （②××××××） SIGHT OF THIS FIRST BILL OF EXCHANGE （SECOND BEING UNPAID） PAY
TO （③The Bank of Owari, Ltd. Nagoya office） OR ORDER THE SUM OF （④US DOLLARS ONE
HUNDRED TWENTY THOUSAND ONLY） VALUE RECEIVED AND CHARGE THE SAME TO
ACCOUNT OF （⑤Wuxi Ling Electronics Co., Ltd.） DRAWN UNDER （⑥The Commercial Bank of China,
3303 Yan-an Road, Shanghai, CHINA） L/C NO. （⑦98765） DATED （⑧July 15, 20XX .）

TO　⑨The Commercial Bank of China
　　　3303 Yan-an Road, Shanghai, CHINA

| Revenue
Stamp | （⑩SAKAE Electronics Kogyo Co., Ltd.） |

日本語訳

為 替 手 形

202143 （手形番号）
名古屋 20XX 年 8 月 30 日

12 万ドル （手形金額）

　本為替手形の第一券を一覧払いで（第二券に対して支払いが行われていないならば）尾張銀行
名古屋支店 （手形買取銀行）またはその指図人に対し、米ドル 12 万ドルの金額を支払うこと。
対価は受領済みであり、同金額を Wuxi Ling Electronics 社に請求すること。
　（本為替手形は）中華人民共和国 （住所省略）中国商業銀行が 20XX 年 7 月 15 日に発行した
信用状第 98765 号に基づき振り出されたものである。

中華人民共和国　中国商業銀行 （名宛人）殿

| 収　入
印　紙 | サカエ電子工業社 |

---

　① 金額（アラビア数字）
　② 支払期日（この場合「一覧払い」なので日数を記入しないで消込みする）
　③ 受取者（通常ここには輸出者側銀行名が入る）
　④ 金額（アルファベット文字）
　⑤ 最終決済者名（信用状取引の場合のみ記入するが、通常ここは輸入者名が入る）
　⑥ 信用状開設銀行名
　⑦ 信用状番号
　⑧ 信用状開設日
　⑨ 名宛人、支払人（信用状取引では通常信用状開設銀行名が入る）
　⑩ 振出人（通常輸出貨物代金を請求する輸出者名が入る）

（注）　上記為替手形は信用状による取引の場合のモデルケースである。

2．船積書類（Shipping Documents）

(1) インボイス

　一般的に，売主が出荷時までに作成する書類または情報をインボイス（仕入書や送り状とも呼ばれる）と呼ぶ。日本の売主が物品を日本から輸出するために，輸出通関手続を税関で行う場合，インボイスは税関長から輸出許可を取得するための輸出申告のデータベースとなる情報である。ただし，関税法上においては，インボイスや契約書等について税関長は，輸出や輸入の許可の判断のため必要であるときに，その申告内容確認のため，必要書類の提出を求めることができるとしているため，申告時における書類提出は原則不要である。

　また，輸入時にも輸出時と同様に輸入者は「海外のサプライヤーが作成」するインボイスが輸入申告を行うデータベースとなるため，一般的に必要とされる。

　インボイスは輸出貨物の明細書，また計算書，出荷案内を合わせた請求書としても使用するが，通関用情報としても利用される書類である。通関用には「貨物の記号」「番号」「品名」「数量」「価格」「仕入書の作成地」「作成年月」「仕向地および仕向人（買主）」「仕出人（売主）」「価格の決定に関係のある契約の条件（FCA，CIP）」などが記載される。

　商業インボイスとは，売主が売主側銀行，輸入者側銀行，または輸入者に宛てて出状する場合の呼び名である。通関用インボイスとは，輸出者側税関および輸入者側税関など輸出や輸入の通関手続用としての公用の場合の呼び名である。

　最後にプロフォーマインボイス（Proforma Invoice：仮インボイス）について説明する。これは，見積書の役割を果たす。また，一定の発展途上国で，商品輸入の際の外貨割当てを政府から事前にもらうために，外国の買主が，日本の売主に請求してくる場合，このプロフォーマインボイスを発行する。

●売主が作成するインボイス●

INVOICE

INVOICE NO : SE 101 / 72		INVOICE DATE :	August 20, 20XX
（インボイス番号）		（インボイス日付）	
FOR ACCOUNT AND RISK OF :		MARKING :	SE
（買手名・住所）		（荷印）	SHANGHAI
Wuxi Ling Electronics Co., Ltd.			C/No. 1/50
90 Huigian Road, Wuxi Jiangsu Province, China			Made in Japan

SHIPPED PER :
（船名）　　　"Tokyo Maru"
SAILING ON OR ABOUT :
（出航日・予定日）　　August 25, 20XX
PORT OF LOADING :
（積港）　　　Nagoya, Japan
PORT OF DESTINATION :
（仕向港）　　　Shanghai, China
PAYMENT :
（支払い）　　　T/T remittance in advance

DESCRIPTION	QUANTITY	UNIT PRICE	TOTAL AMOUNT
（商品名）	（数量）	（単価）	（総額）
		DELIVERY TERMS :	CIP SHANGHAI
		（受渡条件）	
Electronics Parts	2,000 pcs	USD0.6	USD1,200
SAKAE BRAND			
C/No. 1/50　50 cases each containing 40 pcs			
	TOTAL :		USD1,200
	（合計）		

NET WEIGHT :　80kgs
　　（純重量）
GROSS WEIGHT :　88kgs
　　（総重量）
MEASUREMENT :　0.7M3
　　（容積）
COUNTRY OF ORIGIN :　JAPAN
　　（原産国）
MANUFACTURER :　SAKAE Electronics Kogyo Co., Ltd.
　　（製造者名）

SAKAE Electronics Kogyo Co., Ltd.
　　（売手名）

_____　（署名）　_____

●インボイスの種類●

商業インボイス（Commercial Invoice）
輸出者が輸出者側銀行，輸入者側銀行，輸入者にあてて出状する場合の呼び名

公用（通関用）インボイス（Customs Invoice）
輸出者側税関および輸入者側税関など，輸出や輸入の通関手続用としての公用の場合の呼び名

プロフォーマインボイス（Proforma Invoice：仮インボイス）
見積書の役割を果たす。また，一定の発展途上国が，商品輸入の際の外貨割り当てを政府からもらうために，外国のバイヤーや日本の輸出者に請求してくる場合，このプロフォーマインボイスを発行する。

(2) 梱包明細書（P/L）と船積指図書（S/I）

　梱包明細書の最も重要な内容は，商品の正味重量・総重量・容積及び梱包の種類（例えば木箱・ドラム缶など）や個数を明らかにしていることだ。このような内容は，インボイスにも記載されることがあるが，梱包明細書では内容をより詳細に明記する。

　Shipping Mark については以下のような種類がある。

> ・主マーク（Main Mark）　　→　　輸入者または輸出者を標示する重要な
> 　　　　　　　　　　　　　　　　　マーク。
> ・仕向港マーク　　　　　　　→　　仕向港，仕向地を標示する。
> ・連続ケース番号　　　　　　→　　これによってひとまとまりのグループの
> 　　　　　　　　　　　　　　　　　ひとつだと識別できるようになっている。
> ・原産地マーク　　　　　　　→　　原産地が Made in JAPAN のように標
> 　　　　　　　　　　　　　　　　　示される。

　さらに品質を示す品質マーク，輸出者や製造企業を示す副マークをつけることがある。いずれにしても荷物を扱う作業の便宜，また通関の場合の検査を行いやすくする，相手先に間違いなく届く大きな手がかりでもある。

　船積指図書（シッピング インストラクションズ：S/I）は，一般に船積回数が多い売主（輸出者として船会社や航空会社または物流業者に船積依頼する売主）が輸送業者に出状する。

●売主が作成する梱包明細書●

PACKING LIST　（梱包明細書）

BUYER :

（買手名・住所）

Wuxi Ling Electronics Co., Ltd.

90 Huigian Road,

Wuxi Jiangsu Province, China

INVOICE DATE :　August 20, 20XX

（インボイス日付）

INVIOCE NO. :　SE 101 / 72

（インボイス番号）

L/C NO. :　-----------------------

（信用状番号）

VESSEL :　Tokyo Maru

（船名）

PLACE OF RECEIPT :　SHANGHAI, CHINA

（荷物受取場所）

DESCRIPTION	QUANTITY	NET WEIGHT	GROSS WEIGHT	MEASUREMENT	CASE NO.
（商品名）	（数量）	（純重量）	（総重量）	（容積）	（ケース番号）
Electronics Parts	2,000 pcs	80 kgs	88 kgs	0.7 M3	No.1/50

SAKAE BRAND　50 cases each containing 40 pcs

IC Chip maker
Capacitor
Glasstube
Connectors
Switch
Power Transformer
Solder

Packing size
0.7M3

TOTAL :	2,000 pcs	80 kgs	88 kgs	0.7 M3	50 Cartons(CTNS)
（合計）					

PACKING :　40 pcs / CTN,

（梱包）　　Total : 50 CTNS

COUNTRY OF ORIGIN :　JAPAN

（原産国）

SHIPPING MARK :　SE

（荷印）　　SHANGHAI

C/No. 1/50

Made in Japan

SAKAE Electronics Kogyo Co., Ltd.

（売手名）

_____（署名）

●売主が必要に応じて作成する船積指図書●

SHIPPING　INSTRUCTIONS

DATE: August 20, 20XX
S/I No.: SE 101/72

宛先　アイチ航運株式会社　様

サカエ電子工業株式会社
〖　　住　　所　　〗

１．B/L 作成要領
　　（１）SHIPPER（荷送人）
　　　　　SAKAE Electronics Kogyo Co., Ltd.　〖住所〗
　　（２）CONSIGNEE（荷受人）
　　　　　Wuxi Ling Electronics Co., Ltd.　〖住所〗
　　（３）NOTIFY PARTY（通知宛人）
　　　　　Wuxi Ling Electronics Co., Ltd.　〖住所〗
　　（４）B/L date and Place
　　　　　August 25, 20XX　Nagoya, JAPAN
　　（５）☑ Prepaid（前払い）
　　　　　□ Collect（着払い）
　　（６）

Ocean vessel （積載船名）	Voy. No. （航海番号）	Port of loading （積込港）		
"Tokyo Maru"　52		Nagoya, JAPAN		
Port of discharge （陸揚げ港）		For transshipment to （積替え）	Final destination (for the merchant's reference only) （最終仕向地〔荷主の責任と費用による〕）	
SHANGHAI, China				
Marks and Numbers （貨物の荷印〔マーク〕及び番号）	No. of Pkgs or units （貨物の個数）	Kind of packages: description of goods （包装形態、貨物の品名）	Gross weight (KGS) （総重量）	Measurement (M3) （容積）
SE SHANGHAI C/No. 1/50 Made in Japan		50 cases (2,000pcs) of Electronics Parts (SAKAE BRAND)	88KGS	0.7M3
*Total number of　（貨物の合計個数） packages or units.		Fifty (50) CASES ONLY		

　　（７）No. of B/L original required (B/L original 必要部数）: 3

２．注意事項
　　　Latest date of shipment: August 25, 20XX

(3)　原産地証明書

　日本では，物品の輸入申告時に原産地を申告することとなっており，その原産国の判定は，関税法施行令やその規則および関税法基本通達によって決定している（原則，関税番号のHSコードの4ケタ変更）。しかし，日本からの輸出については，輸出物品の原産地判定基準は存在しないことから，一般原産地証明書の商工会議所での発行基準として，輸入物品に対する原産地基準を準用する。その一方で，次に述べる特定原産地証明書の商工会議所での発行は，各々の条約によって詳細が規定されている。なお，日本での輸入の際，原則として輸入課税価格が20万円以下の場合や，物品の形状等から税関長にて原産地証明書の提示が不要となることがある。また，日本とスイス，ペルーおよびメキシコとの経済連携協定（EPA）条約に基づき，経済産業大臣の認定を受けた日本の輸出者は原産地証明書を自己発行できる制度がある。

①　一般原産地証明書

　各地の商工会議所や商工会等で発行する原産地証明書である。買主等との契約や，信用状等による要請に基づき発行されるのが一般的である。

②　特定（締約国）原産地証明書

　日本と条約締結した外国や外国地域との間のEPAに基づき発行される原産地証明書のことを，商工会議所では"特定（締約国）原産地証明書"と呼んでいる。（日本―シンガポール条約を除いて，）原則として，この原産地証明書は日本商工会議所の名称の下で発行される。輸入国側での関税の減額や無税を目的とする（日本―マレーシア条約に基づく書式のみ，FOB価格は任意とする項目がある）。

③　一般特恵制度（GSP：Generalized System of Preferences）による原産地証明書　様式A

　この原産地証明書は日本では発行されない。日本は，国連貿易開発会議（UNCTAD）との合意に基づき，発展途上国・地域の経済発展等に資するため，本制度を導入し，運用している。

●一般原産地証明書●

1. Exporter (Name, address, country) Sakae Electronics Kogyo Co., Ltd. 1-6-12, Sakaemachi, Minami-ku, Nagoya, Aichi, JAPAN	CERTIFICATE OF ORIGIN issued by The Nagoya Chamber of Commerce & Industry Japan
2.Consignee (Name, address, country) Wuxi Ling Electronics Co., Ltd. 90 Huigian Road, Wuxi Jiangsu Province, China	*Print ORIGINAL or COPY　ORIGINAL 3. No. and date of Invoice SE 101/72 August 20, 20XX 4.Country of Origin JAPAN
5. Transport details From　Nagoya, JAPAN To　Shanghai, China By Sea	6.Remarks

7. Marks, numbers and kind of packages; description of goods	8. Quantity
SE SHANGHAI C/No. 1/50 Made in Japan　　Electronics Parts SAKAE BRAND	2,000 pcs

| 9. Declaration by the Exporter
The undersigned, as an authorized signatory, hereby declares that the above-mentioned goods were produced or manufactured in the country shown in box 4.

Place and Date:　Nagoya on August 20, 20XX

(Signature)

(Name) | 10.Certification
The undersigned hereby certifies, on the basis of relative invoice and other supporting documents, that the above-mentioned goods originate in the country shown in box 4 to the best of its knowledge and belief.

THE NAGOYA CHAMBER OF COMMERCE & INDUSTRY

(No., Date, Signature and Stamp of Certifying Authority)
Certificate No. |

●特定（締約国）原産地証明書●

＜日マレーシア協定＞　特定原産地証明書の留意事項

1. Exporter's Name, Address, and country: （欄1）日本から原産品を輸出する輸出者（英文名称、住所、国名）	Reference No. （証明書番号）　　　　　　　Number of page 　　　　　　　　　　　　　　　　（ページ番号） 　　　　　　　　　　　　　　　　/

<table>
<tr><td colspan="4">2. Importer's or Consignee's Name, Address and Country:

（欄2）マレーシアの輸入者（英文名称、住所、国名）</td><td colspan="3" rowspan="3">AGREEMENT BETWEEN THE GOVERNMENT OF JAPAN AND THE

GOVERNMENT OF MALAYSIA FOR AN ECONOMIC PARTNERSHIP

CERTIFICATE OF ORIGIN

Issued in Japan</td></tr>
<tr><td colspan="4">3. Means of transport and route (as far as known)
（欄3）輸送手段（知りうる限りで）　※積送基準を満たしている必要あり
Departure Date:　　　　　　　　（日本 ⇒ マレーシア）
（出港日）
Port of Discharge :
（仕向地）</td></tr>
<tr><td colspan="4" rowspan="1"></td></tr>
<tr>
<td colspan="4">4. Item number (as necessary); Marks and numbers; Number and kind of packages; Description of good(s); HS code; other instance

（欄4）項目番号（必要に応じて）、記号、番号、包装の個数および種類、品名、HS番号、
　　　その他の記号

＜特殊な品名＞
　号（HS番号6ケタ）を分割してできた細分号毎に品目別規則を満たしている品目は、
　当該細分号への該当が判断できる品名を入力（みりん、いぐさ等）

＜アセアン第三国産材料＞
　第16類、第18類〜20類の産品：アセアン第三国の材料名、国名
　第19類または20類の産品：マレーシアまたはアセアン第三国で収穫等された材料名、国名
　第50類〜63類の産品：マレーシアまたはアセアン第三国の材料名、工程または作業名、国名</td>
<td>5. Preference criterion

（欄5）
特恵基準

△基準 (A)
（完全生産品）
B基準 (B)
（原産材料のみ
から生産される
産品）
C基準 (C)
（品目別規則を
満たす産品）

＜救済規定＞
僅少 (DMI)
累積 (ACU)
代替性のある産品
および材料
(FGM)</td>
<td>6. Quantity or gross weight, and FOB value (optionlal)

（欄6）
数量または
重量
FOB価格は
任意</td>
<td>7. Invoice number and date

（欄7）
インボイス
番号と日付

＜記載方法＞
輸入通関にて

①日本の輸出者
発行インボイス
を使用する場合

⇒日本の輸出者
発行インボイス
番号と日付

②第三国仲介者
発行インボイス
を使用する場合

⇒第三国仲介者
発行インボイス
番号と日付
※不明な場合
は記載不要</td>
</tr>
<tr>
<td colspan="4">Marks and numbers　（ケースマーク：荷印、荷物番号）※入力のない場合はN／Aが自動印字
※半角英数字、半角記号で300文字以内（制限文字内で主要項目を入力）、自動的に改行されるため
改行ボタンは使用不可、300文字近い入力の場合は証明書プレビューで確認してください
Number and kind of packages　（荷姿）
※半角英数字、半角記号で150文字以内（制限文字内で主要項目を入力）、自動的に改行されるため
改行ボタンは使用不可、150文字近い入力の場合は証明書プレビューで確認してください</td>
<td></td><td></td><td></td>
</tr>
<tr>
<td colspan="7">8. Remarks:
（欄8）備考
（遡及発給の場合）ISSUED RETROACTIVELYが自動印字
（第三国発行インボイス使用の場合）インボイスが第三国で発行される旨の文言、当該第三国インボイス発行者の名称および住所が自動印字
（再発給の場合）再発給元の証明書が無効になった文言、再発給元の証明書の発給日および番号が自動印字</td>
</tr>
<tr>
<td colspan="4">9. Declaration by the exporter:
（欄9）輸出者宣誓
I, the undersigned, declare that:
・the above details and statement are true and accurate.
・the good(s) described above meet the condition(s) required for the
　issuance of this certificate;
・the country of origin of the good(s) described above is _____

Place and Date: _____
　　（場所、日付）
　　※場所は交付事務所所在地、日付は発給申請日

Signature: _____
　　※発給申請者の氏名とサイン
Name(printed): _____

Company: _____</td>
<td colspan="3">10. Certification
（欄10）認証（商工会議所使用欄）
The undersigned hereby certifies that the above-mentioned good(s)
are considered as originating.

Competent governmental authority or Designee office:

_____

Stamp:

Place and Date: _____
　　　※場所は交付事務所所在地、日付は承認日
　　　※商工会議所側サイン
Signature: _____</td>
</tr>
</table>

（出所）　日本商工会議所ウェブサイト「特定原産地証明書発給申請マニュアル」

第2章　貿易書類

●一般特恵関税制度　様式Ａ●

1. Goods consigned from (Exporter's business name, address, country)	Reference No **GENERALIZED SYSTEM OF PREFERENCES** **CERTIFICATE OF ORIGIN** **(Combined declaration and certificate)** **FORM A**
2. Goods consigned to (Consignee's name, address, country)	Issued in .... (country) See notes overleaf

3. Means of transport and route (as far as known)	4. For official use

5. Item number	6. Marks and numbers of packages	7. Number and kind of packages, description of goods	8. Origin criterion (see Notes overleaf)	9. Gross weight or other quantity	10. Number and date of invoices

11. Certification It is hereby certified, on the basis of control carried out, that the declaration by the exporter is correct.	12. Declaration by the exporter The undersigned hereby declares that the above details and statements are correct; that all the goods were produced in .... (country) and that they comply with the origin requirements specified for those goods in the Generalized System of Preferences for goods exported to .... (importing country)
.... Place and date, signature and stamp of certifying authority	.... Place and date, signature of authorized signatory

(出所)　国際連合貿易開発会議（United Nations Conference on Trade and Development）ウェブサイト

④　自己証明による原産地証明書（申告）

　EPA 等の貿易条約の中で，日本－EU（欧州連合），TPP－CP（環太平洋パートナーシップ協定），では輸出者・生産者が，条約協定の規定に従って自己証明による原産地証明書（申告）を行うか，または輸入者の知識等に基づいて輸入国税関への EPA 等による特恵税率適用を申告する。ただし，日本と米国との間の日米貿易協定は，輸入者の申告に基づいて条約の特恵待遇を輸入国税関に行う方式のみであることに注意して欲しい。

(4)　貨物海上保険証券

〈貨物海上保険の付保〉

　海上貨物として運送する場合の貨物の損傷・損失のリスクをカバーするために，貨物海上保険を付保する。

　保険条件として旧約款（英国のロイズ社が定めた SG 証券の保険契約条件のこと）の All Risks（全危険担保）が一般的な条件である。貨物海上保険の基本的保険条件には，分損不担保条件 FPA〔Free from Particular Average〕，分損担保条件〔With Average〕，および全危険担保条件〔All Risks〕の3種類がある。ただし，All Risks（全危険担保）という保険条件ではカバーできない例外範囲がある。それは，戦争とストライキ・内乱などによる貨物損害条件である。

　インコタームズ2020では，CIP の契約では海上貨物損害保険の付保条件が ICC（A）を基本とする一方で，CIF の契約ではその条件を ICC（C）で良いとしている。ICC とは英国・ロンドンの貨物業者協会が定める「協会貨物約款（Institute Cargo Clauses：ICC）のことで，日本の大手損保会社では2009年版を使用している。ICC は，新約款と呼ばれ，最近の貿易実務では，新約款が利用されている。ICC（A）は，ほぼ旧約款の All Risks の危険に対応している。

　さて，保険証券が輸出地で発行される際には，被保険者を輸入者としないのはなぜだろうか。

　通常，保険証券を発行する段階では，被保険者を輸出者として保険契約を行

しかし，B／L正本とは違って，輸入地での荷受人による貨物引取り時に，SWB正本の呈示が不要である。なぜならば，SWBは非有価証券であり，かつ裏書流通性がないからだ。

B／Lには "This Bill of Lading duly endorsed must be surrendered in exchange for the Goods or delivery order" という文言が記載されているが，SWBにはこのような記載がない。

(3)　サレンダーB／Lと海上運送状（SWB）の違い

SWBは，国際商業会議所が発行している信用状統一規則（UCP600）第21条に，流通性のない海上運送状として国際規則の中に規定が存在する。また，国際連合（UN）は，SWBについて，国際統一ルール（CMI国際統一ルール）により，輸出入国間での標準的な運用を明確化できることから，SWBの利用を推奨している（UNECE勧告第12号）。

このようなことから，SWBは，欧米の大手船会社での取扱いが増えているのである。

その一方で，サレンダーB／Lは，国際規則の裏打ちがなく，また，本来のB／Lが持つ為替手形の担保的機能がないので，仮に当事者間での紛争が生じた場合のリスク回避に問題が起こることも念頭に置く必要がある。

4．自己申告制度による原産品申告書（申告文）等

(1)　日豪EPA

日本は，外国等との間の経済連携協定（EPA）において，条約締結国からの輸入品について，通常よりも低い関税率（EPA税率）を適用するために，原則として当該国産品とする「原産品」であることを証明するため，外国の税関当局や商工会議所等の第三者が発行する原産地証明書の提出を輸入申告の際に求めてきた。

しかし，平成27年に新たにEPA条約の発効となった日本とオーストラリア

とのEPA（日豪EPA）では，日本で初めて，自己申告制度による原産品申告書の提示方式で，EPA税率適用を認めることとなった（日豪EPAでは従来の第三者機関発行の原産地証明書も利用できる）。自己申告制度では，貨物の輸入者はもちろんのこと，輸出者や生産者も日豪EPA税率の適用を受けることができる原産品であることを明記する書面「原産品申告書」を作成したうえで，輸入者がその原産品申告書（豪側では，"Origin Certification Document"と呼ぶ）を税関に提出して，原産品であることを申告する。

　なお，日本側の税関では，日豪EPA税率の適用について通関実務上，原産品申告書に加えて原産品申告明細書やその他の立証書類が要求される。

　また日本の税関においては，原産品申告書や明細書は税関様式として指定しているが任意の様式の使用も可能であり，かつ言語も日本語または英語で作成できる。従来のEPA税率適用の場面では，原則として日本の輸入者は輸入申告時に原産地証明書の原本提出が要求されたが，日豪EPA適用においてNACCS（Nippon Automated Cargo and Port Consolidated System）を利用する場合は，原産品申告書や明細書等の原本提出は不要となり，電子的提出のみでよいこととなった。

　ところで，日豪EPA等の関税率の適用について，物品の課税価格の総額が20万円以下の場合には，原産品申告書等の提出は省略できる。また，日本の輸入者として税関長の承認を得た特例輸入者や認定通関業者を業務委託として起用する特例委託輸入者による特例輸入申告を選択する場合は，輸入通関時における原産品申告書等の提出は不要となるが，それらの立証書類の保存義務は法律上要求される。

(2)　日EU（欧州連合）EPA ／ CPTPP（環太平洋パートナーシップ包括協定）

　これらの条約協定では，自己証明方式による原産地証明書（申告）のみが認められているだけなので，原産品の証明（申告）は輸出者・生産者・輸入者が条約規定に従って自ら作成する制度となっている。

なお，これらの条約に基づく原産地証明書（申告）の記載例を(5)(6)に掲げる。

(3)　日米貿易協定の輸入者による特恵待遇要求（自己申告）

①　日米貿易協定の特徴

(i) 日本からの輸出（米国での輸入）と，日本への輸入については，各々の輸入国の特恵適用対象物品と，輸入国税関での手続きが少し異なる。

(ii) 日米貿易協定の特恵待遇要求は，輸入者の輸入国税関に対する自己申告のみが採用されており，輸出者・生産者の作成する原産地証明書（原産品申告）という制度が条約協定に存在しない。

(iii) 原産地規則において，他のEPAと同様に@完全生産品，⑥原産材料のみから生産される産品，©非原産材料を使用した物品は，品目別の実質的変更基準を満たす産品（PSR）を原産品として認定する。特に，日米貿易協定では，©PSRに「関税分類変更基準（CTC）」が採用されており，付加価値基準（VA）は採用されていない。

(iv) 米国は関税番号としてHTS（上8桁）コードが使用されているが，日米貿易協定の特恵待遇適用については，原則として世界共通のHS（上6桁）コードを利用する。

(v) TPPや日EU・EPAとは異なり，輸入国税関による輸出者・生産者に対する事後の検認・検証という制度が，日米貿易協定には規定されていない。あくまでも，輸入者の輸入国税関への輸入申告時の自己申告による特恵待遇要求に対して，輸入国税関による次の②の原産性確認制度のみが日米貿易協定に規定されている。

②　日本からの輸出による米国輸入者の輸入時特恵待遇要求とその確認手続

(i) 米国の輸入者は，輸入申告時に輸入申告情報の一部に「輸入産品は条約協定のルールにより日本原産品である」旨を記載して，特恵待遇の要求を米国（具体的には米国税関）に行う。輸入者の知識または産品が日本原産品であるとの輸入者の情報に基づいて実施される。

なお，輸出者・生産者の原産地証明書（または原産地申告文）の輸入国税関への提示という制度は，条約に存在しない。

(ii)　米国（米国税関）は，米国輸入者に対して，原産品理由記載申告（製造情報を含む）の提出を求めることができる。この情報は，定型フォームではなく，可能な場合は電子データにて提出することができる。

(iii)　また，米国はその原産品の特恵待遇を与えられる資格の証明に必要な情報も求めることができるが，米国輸入者は日本の輸出者・生産者から直接的に米国税関に対して送付手配する事ができる。

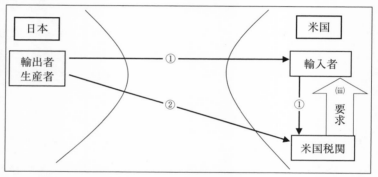

(iv)　米国は，次のいずれかの場合，（関税上の）特恵待遇要求を拒否できる。

㋐産品が特恵待遇を受ける資格がない場合

㋑(iii)の規定により，産品が特恵待遇を受ける資格があることについて，十分な情報を輸入者から得られなかった場合

㋒輸入者による原産品の規則と手続きについての要件を満たさない場合

③　日本への輸入による日本輸入者の輸入時特恵待遇要求とその確認手続

(i)　上記②(i)と異なるのは，日本輸入者の輸入申告時に輸入申告情報だけでなく，この条約規定による特恵待遇要求のための「原産品申告書」「原産品申告明細書」の提出が日本税関によって求められる。（米国輸出者・生産者による日本税関への原産地証明書の提出という制度は，条約に

存在しない。）

(ⅱ)　上記②(ⅱ)(ⅲ)について，日本税関は日本輸入者に特恵待遇要求のための情報を要請でき，また，米国輸出者・生産者から直接提供される情報も受領できる。

（日本税関の情報要請方法等については，今後税関のHP等で詳細説明されるので，日本輸入者は参照して欲しい。）

(ⅲ)　特恵待遇拒否要件は上記②(ⅳ)と同様の内容である。

④　日本からの輸出についての注意点

(ⅰ)　米国には日本からの輸出前，米国税関に対する事前教示制度があり，商品のHTSコードについての品目分類・協定に基づく原産品の判定・協定適用の可否を確認できる。米国税関は，原則として30日以内に回答（本部への確認の場合は90日以内）する。従って，米国向け輸出を予定している日本の輸出者や（米国への輸入を予定している）輸入者等が照会できる。

照会方法は，https://erulings.cbp.gov/s/ を参照して欲しい。

この回答有効期間は，法改正等がない限り有効である。

(ⅱ)　米国税関は，米国への輸入申告電子申請システム（ACE）において，原産品が日本国なら，対象輸入品目のHTSコードの前に「JP」（日米貿易協定の特別プログラム表示）を付記すべきとしている。米国側の手続きは，米国税関に対するEメールアドレス，fta@cbp.dhs.gov に問い合わせが可能である。

(4)　原産品申告書等記載のための原産地基準

原産品申告書やその明細書を作成するためには，経済連携協定（EPA）による原産地基準を知る必要がある。個別の原産地基準は，相手国との協定内容に従って異なる部分もあるが，基本的な考え方は次のとおりである。

① 完全生産品（WO）

締約国において完全生産される農水産物等が該当する。

例：日本の種から，日本国内で育成された水稲（米）

② 原産材料のみから生産された産品（PE）

例：中国産の鉄鋼石から，日本で高熱を加えて金属部分の成分を抽出して鋼
　　板を生産する。さらに，その鋼板から，日本でナイフやフォークを生産す
　　ると仮定する。

この場合，ナイフやフォークの原料は，中国産の鉄鋼石であるが，鉄鋼石を
加工して鋼板にすることで，付加価値または関税分類変更（鉄鋼石は26類，鋼
板は72類）により，鋼板は日本産品となる。日本産品である鋼板から日本でさ
らにナイフやフォークに加工することによって付加価値または関税分類変更
（ナイフやフォークは82類）となる。よって原産材料，つまり日本産品たる鋼
板のみからナイフやフォークは生産されることから，このナイフやフォークは
日本産品となるのである。

③ 実質的変更基準を満たす産品（PSR）

(i)　付加価値基準（VA：Value Added ルール）

　工業品等で，加工の結果，物品の価値が特定比率以上（例えば40％以上）
になることで，原産品とする。

例：原産資格割合が40％以上であること

$$原産資格割合 = (FOB価額 - 非原産品材料価額) \div (FOB価額) = 40％以上$$
$$= (乗用車価額：2万USドル - 中国製部品：5千USドル) \div (乗用車価額)$$
$$= 75％ > 40％ \quad [控除方式]$$

(ii)　関税番号変更基準（CTC ルール：Change in Tariff Classification）

　工業品等で，輸入原料・部品等の HS 番号か，完成品の HS 番号に変化が
起これば，原産品とする。

⒤　加工工程基準（SP ルール）

　各物品で，重要かつ認定された製造作業や技術的加工作業を実施して生産
されたことをもって原産品とすることである。例えば，綿織物について，あ
る国で浸染およびそれにともなう漂白・消臭加工・防縮加工・制菌加工など
のうち，２工程以上の作業がその国で実施されたことをもって原産国とする。

④　原産品と認められる範囲を広げる規定

⒤　累積（ACU）

　原産品生産において使用した相手国の原産品を自国の原産材料とみなす規
定を累積という。

⒤⒤　僅少の非原産材料（DMI）

　第三国で生産された産品である非原産材料が先述の関税分類変更基準や加
工工程基準に満たない場合においても，その使用量がわずか（例えば，総重
量10％以下が非原産材料である場合など）であれば，生産される産品を原産
品として認める規定のことを指す。

⑸　TPP に対応した自己証明による原産地証明書の必要的記載事項と記載例

①　証明者

輸出者，生産者，または輸入者のうち誰が原産地証明書を作成したかを記載
する。

②　証明者の明細

氏名または名称，住所（国名を含む），電話番号，電子メールアドレス

③　輸出者（証明者ではない場合）

氏名または住所（国名を含む），電話番号，電子メールアドレス。生産者が

原産地証明書を作成した場合で，輸出者が特定できない場合は不要。輸出者の住所は TPP 域内国の産品が輸出された場所とする。

④　生産者（証明者あるいは輸出者ではない場合）

氏名または名称，住所（国名を含む），電話番号，電子メールアドレス。生産者が複数いる多数である場合は "various" と記載，あるいはリストを添付。生産者を秘匿したい場合は，"Available upon request by the importing authorities"（「輸入締結国の当局の要請があった場合には提供可能」）と記載可能。生産者の住所は TPP 域内国の産品が生産された場所とする。

⑤　輸入者（特定可能な場合）

氏名または名称，住所（国名を含む），電話番号，電子メールアドレス。輸入者の住所は TPP 域内国であること。

⑥　産品の品名及び HS コード

対象産品の品名及び完全分類（HS コード）（6桁）。品名は対象産品を表すのに充分な形で記載。1回限りの原産地証明書の場合，インボイス番号を記載。

⑦　原産性の基準

どの原産性の基準（以下のいずれか）を活用して原産品としたかを記載。

(a) Wholly obtained or produced（完全生産品）

(b) Exclusively from originating materials（原産材料のみから生産される産品）

(c) PSR を満たす産品

⑧　対象期間

同一産品の複数回の輸送を対象とする場合，その期間は原則として12カ月が限度。

⑨　署名と日付

証明者による署名と日付を明記。あわせて下記の宣誓文を記述。

【宣誓文】

（英文）

I certify that the goods described in this document qualify as originating and the information contained in this document is true and accurate.　I assume responsibility for proving such representations and agree to maintain and present upon request or to make available during a verification visit, documentation necessary to support this certification.

（日本語翻訳訳文）

私は、この文書に記載する産品が原産品であり、及びこの文書に含まれる情報が真正かつ正確であることを証明する。私は、そのような陳述を立証することに責任を負い、並びにこの証明書を裏付けるために必要な文書を保管し、及び要請に応じて提示し、または確認のための訪問中に利用可能なものとすることに同意する。

Certificate of Origin (NBR:0001)

(Referred to in Chapter 3, Section B, Article 20.3 of Comprehensive and Progressive Agreement for Trans-Pacific Partnership)

1. Importer's Name and Address

New Zealand Toy Market Pte. Ltd.

22 Smith street, Auckland, New Zealand

Telephone: (64)-123-4567　Email: ATM@mail.ne.nz

2. Producer's Name and Address

Osaka Industry Co., Ltd.

9-4, 2-chome, Higashitenma, Kita-ku, Osaka, JAPAN

Telephone: (81)-6-1234-5678　Email: OSK@ocn.ne.jp

3. Exporter's Name and Address

Osaka Industry Co., Ltd.

9-4, 2-chome, Higashitenma, Kita-ku, Osaka, JAPAN

Telephone: (81)-6-1234-5678　Email: OSK@ocn.ne.jp

No.	4-①Description of goods	4-②Number and kind of packages, weight(gross or net), and quantity (quantity unit) or other measurements	4-③Invoice number(s) and date(s),: or sufficient details to identify the consignment(if known)	5. Harmonized System tariff classification number (6 digit, HS2012) of goods	6. Preference criteria* (WO, PE, PSR; and Other: DMI, ACU, if applicable)
[1]	Christmas Articles	10 cartons 10 pieces 50 kgs (Net WT)	Invoice No.& Date No. OSK 0001 OCT 01, 2025 (B/L NO. 66601)	9505.01	PSR

7. Applicable Comprehensive Period, if any

8. Others (any other indication)

9. Certification

I certify that the goods described in this document qualify as originating and the information contained in this document is true and accurate.　I assume responsibility for proving such representations and agree to maintain and present upon request or to make available during a verification visit, documentation necessary to support this certification.

Date　　November 5th, 2025

Company Name　Osaka Industry Co., Ltd.: Representative Name Semba Jiro, President (signature)

Address　9-4, 2-chome, Higashi-Tenma, Kita-ku, OSAKA

Telephone (81)-6-1234-5678　　Email　OSK@ocn.ne.jp

Please tick a box to indicate who has completed this origin certification document:

　　□Importer　☑Exporter　☑Producer

※WO: The good is wholly obtained in the Party; PE: The good is produced entirely in the Party exclusively from originating material of the Party; PSR: The good satisfies all applicable requirements of the Agreement; DMI: De minimis; ACU: Accumulation

(6) 日EU・EPA に対応した自己証明による原産地申告の必要的記載事項と記載例

① 原産地に関する申告

本項⑨に記載の申告文を,「インボイス（仕入書）その他の商業上の文書上」に記載しなければならない。

② 証明者

輸出者（生産者）また輸入者のうち誰が原産地申告書を作成したか。

③ 証明者の明細

氏名または名称，住所（国名を含む）

④ 輸出者

氏名または住所（国名を含む）

⑤ 輸入者

氏名または名称，住所（国名を含む）。輸入者の住所はEU域内国であること。

⑥ 産品の品名及びHSコード

対象産品の品名，仕入書の番号等及び関税分類（HSコード2017）（6桁）。

⑦ 原産性の基準

どの原産性の基準（以下のいずれか）を活用して原産品としたかを記載。

　A・・・完全生産品（3.2条1(a)）

　B・・・締約国の原産材料のみから生産（3.2条1(b)）

　C・・・実質的変更基準を満たす（3.2条1(c)）

　　1・・・関税分類変更基準

　　　2・・・非原産材料の最大限割合（価額）または，最小限域内原産割合
　　　　　　（価額）基準

　　　3・・・特定の生産工程基準

　　　4・・・付録3－B－1，第3節の適用

　　D・・・累積（3.5条）

　　E・・・許容基準（3.6条）

［2の非原産材料の最大限割合は，例えばEXW金額に占める非原産材料
等の金額の割合が50％を超えない場合に，その加工当事国の原産品と認
めること。その一方で最小限域内原産割合とは，例えばFOB全額に占める，
FOB価額から非原産材料等の金額を差し引きしたその残額が55％以上と
なる割合なら，その加工当事国の原産品と認めること。］

⑧　対象期間

同一産品の複数回の輸送を対象とする場合，その期間は原則として12カ月
が限度。

⑨　申告文および署名と日付

原則として証明者による署名と日付を明記。あわせて下記の宣誓文を記述。

（英文）

(Period: from .... to .... (1))

The exporter of the products covered by this document (Exporter Reference No............ (2))
declares that, except where otherwise clearly indicated, these products are of ....
preferential origin (3).

(Original criteria used (4))
....

(Place and date (5))
....

(Printed name of the exporter)
....

（日本語翻訳）

（期間................................から................................まで (注1)）

この文書の対象となる産品の輸出者（輸出者参照番号................................ (注2)）は、別段の明示
をする場合を除くほか、当該産品の原産地................................ (注3) が特恵に係る原産地
であることを申告する。

（用いられた原産性の基準 (注4)）
....

（場所及び日付 (注5)）
....

（輸出者の氏名又は名称（活字体によるもの））
....

（条約翻訳の注書：日本文）

注1　原産地に関する申告が第3・17条5(b)に規定する同一の原産品の2回以上の輸送のために作成される場合には，当該申告が適用される期間を記載する。当該期間は，12箇月を超えてはならない。当該原産品の全ての輸入は，記載された期間内に行われなければならない。そのような期間の適用がない場合には，この欄は，空欄とすることができる。

注2　輸出者が特定される参照番号を記載する。欧州連合の輸出者については，当該参照番号は，欧州連合の法令に従って割り当てられる番号とする。日本国の輸出者については，当該参照番号は，日本国の法人番号とする。輸出者が番号を割り当てられていない場合には，この欄は，空欄とすることができる。

注3　産品の原産地（欧州連合又は日本国）を記載する。

注4　場合に応じて，次の1又は2以上の記号を記載する。
第3.2条1(a)に規定する産品については，「A」
第3.2条1(b)に規定する産品については，「B」
第3.2条1(c)に規定する産品については，「C」
（当該産品に実際に適用される品目別規則の種類に係る次の数字を追加的に付する。）
関税分類の変更の基準については，「1」
非原産材料の最大限の割合（価額に基づくもの）又は最小限の域内原産割合（価額に基づくもの）の基準については，「2」
特定の生産工程の基準については，「3」
付録3-B-1第3節の規定の適用がある場合については，「4」
第3.5条に規定する累積を適用する場合には，「D」
第3.6条に規定する許容限度を適用する場合には，「E」

EPA に基づく EU 税関の日本企業への検認数が年間約10,000件弱になると想定される。

(ⅲ)　また，TPP では輸入国税関による直接検認が認められているので，TPP 利用の際の輸入国税関からの日本企業への直接的な情報提出要求や事業所等への直接訪問も有り得る。

さらに，今後の日米貿易協定が締結・発効されて，運用が開始されると，従来の経緯から米国税関による日本企業への直接検認制度の実施となるだろう。

④　輸出者・生産者たる日本企業と外国輸入者側との間の輸出契約

上記③に記載させて頂いたように，日本企業が自己申告として原産地証明（原産地申告）発行後，TPP や日 EU・EPA の輸入国企業に引渡しを行い，輸入国税関での特恵待遇を適用後に検認によって特恵待遇を否認される恐れがゼロとは言い切ることはできない。

その場合，輸入国税関は輸入者に対して過去に遡及して関税差額を徴収するとともに，間接税（日本では消費税等，EU 各国では付加価値税等）差額も併せて徴収した上に，さらに加算税・延滞税も課す可能性さえ有る。

⑤　輸出契約書（Export Agreement ／ Sales Contract 等）や注文請書（Order Confirmation ／ Acknowledgment Note 等）への付加記載条文

上記④の事態になれば，外国の輸入者は日本の輸出者・生産者に対して税金差額等の金額だけでなく，輸入転売先から請求された損害賠償金の請求等，厳しい対応を行うことも予想される。

そこで，日本企業が自己申告となる原産地証明（原産地申告）を発行する場合には，（少しでも相手方の厳しい姿勢に対する対応策の一つとして）輸出契約書や注文請書の契約書に「原産地証明（原産地申告）の免責条文」を記載することをお薦めする。

（注意：ただし，免責条文を記載すれば日本企業が完全免責されることを保証するものではないことには充分注意して欲しい。）

⑥　自己証明による原産地証明（原産地申告）の免責条文の例文

［English］

Seller may issue Certificate of Origin (Statement on Origin) only in case of Buyer's request at the time of shipment.

Seller firmly declares that Certificate of Origin (Statement on Origin) issued by Seller is based on Seller's own decision and judgement through Seller's fact, knowledge, analysis, view and etc.

Seller shall not be liable for any responsibility and damages even if there may be a case that product's origin on final judgement by customs of importing country is different from that of Seller's final judgement.

Buyer shall not have any right to claim such import duty, taxes and any other direct/indirect damages based on the difference on the product origin determination between Seller and customs of importing country.

［日本語］

売主は，出荷時点において買主の要求が有るときに限り，原産地証明書（原産地申告）を発行することができる。

売主は売主が発行する原産地証明書（原産地申告）について，売主の事実，知識，分析，見解などを通して売主自身の判断に基づいていることを明確に宣言する。輸入国の税関による最終判断による物品の原産地が，売主の最終判断によるものと異なることがあっても，売主は一切の責任および損害賠償について責めを負わない。買主は，売主と輸入国の税関との間の物品の原産性の判断の違いに基づく，輸入関税，諸税およびその他の直接的または間接的な損害賠償を請求する権利を一切有しない。

第 3 章

輸　　出

1．輸出業務の重要ポイント

(1)　代金回収

　輸出交渉を行う際には，代金の迅速かつ確実な回収が優先されるため，電信送金前払い（輸出者から見れば"前受け"）が最も有利な支払条件である。

支払条件　Payment Conditions		輸出者にとって
電信送金前払い	Advance Payment by T／T	有利
信用状（一覧払い）	Letter of Credit〔L／C〕(at sight)	
支払書類渡し（一覧払い）	Documents against Payment (D／P)	
引受書類渡し（期限付払い）	Documents against Acceptance（D／A）	
電信送金後払い	Deferred Payment by T／T	不利

(2)　外国企業との輸出取引三鉄則

①　取引先の調査

　外国企業の実態を把握するために，国際調査報告書による第三者機関の情報を入手したり，実際に外国企業を訪問して相手方の業態を調査する。ポイントは外国企業の代金支払能力である。

②　契約書の作成

　単なる口頭での約束で取引を開始するのではなく，当初から契約者双方の意

思を書面で確認することが重要である。したがって，自らが作成する契約書を
しっかりと相手に提示することが必要になる。

③　支払条件を有利に交渉

　取引は相手方とのビジネス上での力のバランスによって成り立つものゆえ，
自らが常に有利な立場に立てるとは限らない。

　しかし，交渉は原則として自ら最も有利な条件を提示して相手方の反応を見
ながら譲歩すればよいのである。また，取引が一定期間経過した後に相手方か
ら不利な支払条件の提示が行われることがある。これは相手方の財務状況悪化
が主たる原因となることが多いので，十分な調査および検討の後に決定すべき
である。

2. 輸出コスト計算

　輸出の際，収益を確保できるかどうかを事前に計算しなければならない。輸
出コストを計算する方法として代表的なものは，①ブレイクダウン方式と②コ
ストプラス方式がある。コストを計算する際に最も重要なことは，収益に大き
く影響する要素，例えば，必要費用や為替相場変動リスクを必ず計上すること
である。

(1)　ブレイクダウン方式

　この方式は，現地で販売可能な小売価格および卸売価格を調査して，その価
格から必要費用等を逆に計算して，自らの輸出価格を決定するやり方である。

　また，競争品が外国で販売されている場合にも，その競争品にかかる予想必
要費用を割り出して，自らの輸出価格を決める場合もある。

　この方式は，外国マーケットの状況が把握できている場合には有効な価格決
定方法といえる。

⑵　コストプラス方式

　一方，一番オーソドックスな価格決定方式が，コストプラス方式である。商品の原価や仕入れ価格に，貿易に直接関係する輸出梱包費用・国内輸送費用・国内倉庫費用・物流業者や通関業者に支払う輸出横持ち費用や輸出通関代行費用など，および期待する利益，ならびに輸入者との契約によっては国際輸送費や貨物海上保険料などを加算する。

⑶　コストプラス方式による輸出取引の価格計算

　日本の商社である未来商事株式会社は，米国の取引先であるチャールズ社（CHARLES LLC）に対して，事務機器部品のキャスターを米国通貨建てで見積もることとなった。

■問題　売値はいくらになるかを計算し，［ケースⅠ：FOB］，［ケースⅡ：CFR］，［ケースⅢ：CIF］として日本円単価　A　　B　　C　，米国ドル単価　X　　Y　　Z　に適切な単価金額を記入せよ。

品　　　　　名	Caster（s）	
数　　　　　量	2,000 sets	
原　価　ま　た　は　仕　　入　　値	¥300／set	①
国　内　輸　送　費　輸出通関等諸掛費用	¥30／set	②
海　上　運　賃	海上運賃は US$200 （US$200× JP ¥100／$）÷2,000＝¥10／set	③
海　上　保　険　料	¥2／set	④
見　込　利　益	¥58／set	⑤
販　売　支　払　条　件	T／T remittance in advance	
船　　積　　期	20XX 年 7 月頃	
為　替　レ　ー　ト	1 US$ ＝ ¥100	

（原価）　　　＋　　　（諸掛）　　　＋　　　（利益）
①¥300／set　　②¥30／set　　⑤¥58／set
　　　　　　　　③¥10／set
　　　　　　　　④¥ 2 ／set

［ケースⅠ］　①＋②　　　　＋⑤ ＝ ¥ A ＝ US$ X FOB
［ケースⅡ］　①＋②＋③　　＋⑤ ＝ ¥ B ＝ US$ Y CFR
［ケースⅢ］　①＋②＋③＋④＋⑤ ＝ ¥ C ＝ US$ Z CIF

注1　FOB…Free On Board（本船渡）
　　　CFR…Cost and FReight（運賃込）
　　　CIF…Cost, Insurance and FReight（運賃保険料込）
注2　注1のルールではFOB＝COSTとする。
注3　②国内諸掛（国内輸送費，輸出通関等諸掛費用）
　　　具体的には次のようなコストを挙げることができる。
　　　a）輸出用の梱包費用
　　　b）パッキング上に記載する表示ラベル費用
　　　c）工場や倉庫から港湾や空港までの国内輸送費用
　　　d）輸出商品の品質・数量・重量等の検査費用
　　　e）輸出通関における税関への申告代理・代行の業務委託費用
　　　f）港湾や空港内での貨物移動費用
　　　g）貨物の荷役費用

■解答

A ＝388，B ＝398，C＝400，X ＝3.$\underline{88}$，Y ＝3.$\underline{98}$，Z ＝4.$\underline{00}$

３．輸出取引〔事例演習〕

　今まで学んだ基礎知識をベースに，海外取引で最も多い売買取引を取り上げ，具体的なケース・スタディとして輸出業務を行う。

（1）　取引交渉と輸出契約書の作成

　日本商事株式会社（JAPAN TRADING Co., Ltd.）は，米国の STAR（STAR Inc.）社に対して自動車用軸受となるベアリング（bearing）を輸出する計画である。

　米国の STAR 社より引き合い（Inquiry）があったので，日本商事株式会社の担当である A 君は次のように申込み（Offer）を行った。

A 君のＥメール	

Dear Sir,

We thank you for your e-mail of February 17th, 20XX. As you requested, we are pleased to offer you as follows subject to your acceptance reaching us by February 20th.

1.	Product	: Ball Bearing item number JPN-116-A
2.	Price	: US$10/unit CIP New York by sea
3.	Quantity	: 20,000.-units
4.	Total Amount	: US$200,000.-
5.	Payment	: Letter of Credit at sight
6.	Time of Shipment	: By March 10th from Japan but subject to our receipt of Letter of Credit in our favor by and around the end of February, 20XX.

As we would wish to effect a speedy clearance, we are offering you the lowest possible price. We would much appreciate it if you could give your prompt attention to our offer.

Yours sincerely,

日本語訳	

　20XX 年 2 月17日の E メールありがとうございます。お問い合わせいただいた件につきまして，2 月20日までに貴社よりご回答をいただくことを条件とし，下記のとおりご提案させていただきます。

　1．製品　　　　　ボール・ベアリング　製品番号：JPN-116A
　2．価格　　　　　1 個当たり　US$10　CIP ニューヨーク　船便
　3．数量　　　　　20,000個
　4．合計金額　　　US$ 200,000
　5．支払条件　　　信用状一覧払い
　6．出荷時期　　　当社を受取人とした信用状を20XX 年 2 月末までに当社にて
　　　　　　　　　　受け取った場合，3 月10日までに日本出帆。但し，信用状
　　　　　　　　　　の受取時期によって変更の可能性あり。

　迅速な決済のためにも，当方より最安値をご提示させていただきました。当方からの提案につき，早急なご検討をいただけますと幸いです。

SALES CONTRACT
（売 契 約 書）

BUYER : （買手）	CONTRACT DATE : （契約日）	CONTRACT NO. : （契約番号）
	ORDER NO. : （注文番号）	

DESCRIPTION （商品名）	QUANTITY （数量）	UNIT PRICE （単価）	TOTAL AMOUNT （総額）

DELIVERY TERMS :
（受渡条件）

TOTAL :
（合計）

TRANSSHIPMENT :　　　（積替え）
PARTIAL SHIPMENT :　　（分割船積）
TIME OF SHIPMENT :　　（船積時期）
PORT OF LOADING :　　（船荷港）
PORT OF DESTINATION :　　（仕向港）
PACKING :　　　（梱包）
PAYMENT :　　　（支払い）

OTHER TERMS AND CONDITIONS :（その他条件）

Subject to general terms and conditions set forth in back.
（裏面の一般的取引条件によるものとする）

ACCEPTED BY :

_____（Buyer）　　_____（Seller）
　　　　　　　　　　　　（買手）　　　　　　　　　　　　　　（売手）
On　　（日付）_____

Please sign and return one copy.
（署名後一部返送して下さい）
SEE TERMS AND CONDITIONS ON REVERSE SIDE
（裏面約款をご覧下さい）

■問題　①〜⑥を埋めて売契約書を完成させよ。

SALES CONTRACT
(売 契 約 書)

BUYER : STAR Inc. 10th Bush Street, New York, U.S.A.	CONTRACT DATE : February 18th, 20XX	CONTRACT NO. : NHS-001
	ORDER NO. : SAR-011	

DESCRIPTION	QUANTITY	UNIT PRICE	TOTAL AMOUNT
	DELIVERY TERMS : ①		
Spare Parts for Train item number JPN-116-A	20,000 units	US$10.00/unit	US$200,000.-

TOTAL :	US$200,000.-

TRANSSHIPMENT : Not allowed

PARTIAL SHIPMENT : Not allowed

TIME OF SHIPMENT : ②

PORT OF LOADING : Yokohama, Japan

PORT OF DESTINATION : ③

PACKING : Export standard packing

PAYMENT : ④

OTHER TERMS AND CONDITIONS :

  Shipment shall be done ② _____ from Japan but subject to our receipt of Letter of Credit in our favor by and around the end of February, 20XX.

Subject to general terms and conditions set forth in back.

ACCEPTED BY :

⑤

⑥

_____ (Buyer)

Richard Taylor, Import Manager

_____ (Seller)

Ichiro Suzuki, Export Manager

On   February 18, 20XX

Please sign and return one copy.

SEE TERMS AND CONDITIONS ON REVERSE SIDE

■解答

SALES CONTRACT
（売 契 約 書）

BUYER :	CONTRACT DATE :	CONTRACT NO. :
STAR Inc.	February 18th, 20XX	NHS-001
10th Bush Street,	ORDER NO. :	
New York, U.S.A.	SAR-011	

DESCRIPTION	QUANTITY	UNIT PRICE	TOTAL AMOUNT
		DELIVERY TERMS : ①CIP New York by sea	
Spare Parts for Train	20,000 units	US$10.00/unit	US$200,000.-
item number			
JPN-116-A			
TOTAL :			US$200,000.-

TRANSSHIPMENT : Not allowed

PARTIAL SHIPMENT : Not allowed

TIME OF SHIPMENT : ②By March 10th, 20XX

PORT OF LOADING : Yokohama, Japan

PORT OF DESTINATION : ③New York, U.S.A.

PACKING : Export standard packing

PAYMENT : ④Letter of Credit at sight

OTHER TERMS AND CONDITIONS :

　　Shipment shall be done ②by March 10th, 20XX from Japan but subject to our receipt of Letter of Credit in our favor by and around the end of February, 20XX.

Subject to general terms and conditions set forth in back.

ACCEPTED BY :

⑤STAR Inc.　　　　　　　　　　　　　　⑥JAPAN TRADING CO., LTD.

_____ (Buyer)　　　_____ (Seller)

Richard Taylor, Import Manager　　　　Ichiro Suzuki, Export Manager

On　February 18, 20XX

Please sign and return one copy.

SEE TERMS AND CONDITIONS ON REVERSE SIDE

(2) 信用状の受領

　日本商事株式会社は米国のSTAR社との契約締結後，買主たる米国STAR社の取引銀行（City World銀行）が発行した信用状を日本の都（みやこ）銀行経由で受領した。

●信用状●

Name of Issuing Bank	City World Bank 8ᵗʰ Clinton Avenue, New York, U.S.A.	Documentary Credit	Number 12345
Place and Date of Issue	New York, February 27 ,20XX	Expiry Date and Place for Presentation of Documents	
Applicant	STAR Inc. 10ᵗʰ Bush Street, New York, U.S.A.	Expiry Date: March 31, 20XX Place of Presentation: Osaka, JAPAN	
Advising Bank	Miyako Bank 4-19, Shinko 1-chome, Naka-ku, Yokohama, Kanagawa, Japan	Beneficiary JAPAN TRADING Co., Ltd. 6-18, Sakuragicho 3-chome Naka-ku, Yokohama, Kanagawa, Japan	
		Amount US$200,000.-	

Credit available with Negotiated Bank(s)　Miyako Bank

☐ by payment at sight
☐ by delivered payment at
☐ by acceptance of draft(s) at
☒ by negotiation

Against the documents defined herein
☒ and Beneficiary's draft(s) drawn on
City World Bank, New York U.S.A. at sight.

Partial Shipment	☐allowed ☒ not allowed
Transshipment	☐allowed ☒ not allowed
☐ Insurance covered by Buyers	
Shipment	
from	Yokohama
for transportation to	New York
Not later than	March 10, 20XX

Signed Commercial Invoice, one original and 3 copies

Insurance Policy or Certificate in duplicate covering the Institute Cargo Clauses (A) for 110% of the invoice value.

Full set of clean on board bills of lading made out to order of shipper and blank endorsed and marked "Freight Prepaid" and showing the above applicant as "Notify Party".

Covering Ball Bearing item number JPN-110-A, 20,000units CIP New York

Documents to be presented within 21 days after the date of shipment but within the validity of the Credit.

This credit is subject to uniform customs and practice for documentary credits (2007 Revision), International Chamber of Commerce Publication No. 600.

_____
[signature]
[Name and signature of the issuing bank]

●信用状（訳本）●

発行銀行	City World 銀行 アメリカ合衆国 ニューヨーク クリントン大通り８番	荷為替信用状	番号 12345
発行日・発行地	20XX 年２月 27 日 ニューヨーク	信用状有効期限及び提出場所	
信用状発行依頼人	STAR 社 アメリカ合衆国 ニューヨーク ブッシュ通り 10 番	有効期限　20XX 年３月 31 日 提出場所　日本国　大阪	
信用状通知銀行	みやこ銀行 日本国神奈川県横浜市 中区新港１丁目 4-19	受益者　　日本商事株式会社 　　　　　日本国神奈川県横浜市中区 　　　　　桜木町３丁目 6-18	

分割船積	□ 許容される ☑ 許容されない	総額　　　　200,000- 米ドル
積換	□ 許容される ☑ 許容されない	

分割船積	□ 許容される ☑ 許容されない
積換	□ 許容される ☑ 許容されない
□ 保険は買手が付保する	
船積	
船積港	横浜
到着港	ニューヨーク
船積期限	20XX 年３月 10 日

（支払、引受、買取、後日払指示）
　この信用状は、下記の書類及び受益者が振り出した当行（発行銀行）を支払人とする一覧払いの為替手形の呈示と引換えにみやこ銀行にて買取形式で使用できます。

　　署名済の商業インボイス　原本１通及び写し３通

　　インボイス金額の 110％につき、協会貨物約款（A）を担保している２通の
　　海上保険証券または保険承認状

　　荷送人（シッパー）の指図式で白地裏書をし、運賃支払済であり信用状発行依頼
　　人を通知先として記載された全通の無故障船積船荷証券

　　貨　　物：ベアリング（商品番号：JPN-110-A）　　20,000 個
　　貿易条件：CIP ニューヨーク

書類は船積後 21 日以内に呈示され、かつ、信用状の有効期限内に呈示されなければならない。

この信用状は荷為替信用状に関する統一規則および慣例（2007年改訂）国際商業会議所出版物番号
600 を適用します。

　　　　　　　　　　　　　　　　　　　　　————————————————————　〔署名〕
　　　　　　　　　　　　　　　　　　　　　　　　　　　　　　　　　〔発行銀行名〕

（3）　信用状のアメンド（修正）依頼

　日本商事株式会社は，米国の銀行が発行した信用状を受領したが，米国の STAR 社との契約書の記載内容と信用状の記載内容の一部に異なる事項があることを，日本商事株式会社の担当であるA君は発見した。

■質問

　①　契約書記載内容と信用状記載内容の相違点は何か？
　②　上記①を発見した場合に，日本商事株式会社のA君は何をすべきか？

■解答

　①　商品番号について契約書記載内容と信用状記載内容に違いがある。
　②　輸出者たる日本商事株式会社は，輸入者たる STAR 社に対して上記①の内容の相違点を早急に伝えて，信用状の一部アメンド（修正）を依頼する必要がある（アメンドとは英語の"amendment"から由来する言葉で貿易業界では業界用語として使われているものである）。

■解説

　信用状は，国際商業会議所が発行している信用状統一規則（UCP600）により，世界の金融機関が運用を行っている。

　本事案では，契約書記載の商品番号が「JPN-116-A」であるにもかかわらず，信用状記載の商品番号が「JPN-110-A」となっている。日本商事株式会社が出荷の際に作成するインボイス（仕入書）や船会社等が作成する船荷証券（B／L）にも契約書記載どおりの商品番号を記載することにより，信用状記載の商品番号と合致しなくなると，信用状開設銀行は信用状統一規則に従って，代金支払拒絶を行うこととなる。

日本商事株式会社

神奈川県横浜市中区桜木町3丁目6－18

20XX年3月4日

STAR社
アメリカ合衆国ニューヨーク州
ブッシュ通り10番
輸入マネージャー　Richard Taylor 様宛

先般，信用状（No. 12345）を当方にて受領いたしました。ありがとうございます。
L／C上におきまして，製品名が「ベアリング　商品番号：JPN-110-A」と表記されておりました。しかしながら，これを「ベアリング　商品番号：JPN-116-A」へと修正する必要があります。

上記のとおり，L／Cの修正をお願いいたします。

日本商事株式会社
輸出マネージャー　鈴木

第3章　輸　　出

■問題　①〜②を埋めてアメンド依頼文を完成させよ。

JAPAN TRADING Co., Ltd.
6-18, Sakuragicho 3-chome, Naka-ku
Yokohama, Kanagawa, Japan

Date: March 04, 20XX

STAR Inc.
10th, Bush Street,
New York, U.S.A.
Attention: Mr. Richard Taylor, Import Manager

Dear Sir,

Thank you for your Letter of Credit No.12345, which we have just received.
The L／C mentions the name of the merchandise as Ball Bearing item number ① [   ].
But this should be amended as Ball Bearing item number ② [   ] instead.
Would you please amend your L／C as above mentioned?

Sincerely yours,

JAPAN TRADING Co., Ltd.

_____
I. Suzuki, Export Manager

■解答

JAPAN TRADING Co., Ltd.

6-18, Sakuragicho 3-chome, Naka-ku

Yokohama, Kanagawa, Japan

Date: March 04, 20XX

STAR Inc.

10th, Bush Street,

New York, U.S.A.

Attention: Mr. Richard Taylor, Import Manager

Dear Sir,

Thank you for your Letter of Credit No. 12345, which we have just received.

The L／C mentions the name of the merchandise as Ball Bearing item number ① JPN-110-A .

But this should be amended as Ball Bearing item number ② JPN-116-A instead.

Would you please amend your L／C as above mentioned?

Sincerely yours,

JAPAN TRADING Co., Ltd.

_____

I. Suzuki, Export Manager

⑷　インボイスとパッキング・リスト（梱包明細書）

　輸出契約の内容が信用状記載事項と同一であることが確認できれば，信用状条件に従って船積みの準備を行う。貨物の場所を確認した後，貨物を国内輸送して積港まで運ぶ。

　自らまたは専門企業（通関業者）により輸出通関手続（輸出申告）を税関長あてに行う。その際，必要となるのがインボイスと梱包明細書である。

　次の条件を考慮してインボイスと梱包明細書に必要情報を記載せよ。

◆　出航（予定）日　：　20XX 年 3 月10日
◆　積　　　　　港　：　（日本国）　横浜(港)
◆　純　　重　　量　：　6,000 KGS
◆　総　　重　　量　：　6,600 KGS
◆　容　　　　　積　：　7.0 M 3

■問題 1　①～⑥を埋めてインボイスを完成させよ。

INVOICE

（インボイス）

INVOICE NO.：JPN-00-123　　　　　　　INVOICE DATE：March 5th, 20XX
　（インボイス番号）　　　　　　　　　（インボイス日付）
FOR ACCOUNT AND RISK OF：　　　　　MARKING：
　（買手名・住所）STAR Inc.　　　　　　（荷印）

	J P N

　10th, Bush Street,　　　　　　　　　　　　　　　　Ball Bearing
　New York, U.S.A.　　　　　　　　　　　　　　　　JPN-116-A
　　　　　　　　　　　　　　　　　　　　　　　　C/N 1-UP
SHIPPED PER：（船名）Rokkou Maru　　　　　　Made in Japan
SAILING ON OR ABOUT：（出航日・予定日）①　　　　　　　　
PORT OF LOADING：（積港）②　　　　　　　
PORT OF DESTINATION：（仕向港）③　　　　　　　
PAYMENT：（支払い）Letter of Credit at sight

DESCRIPTION	QUANTITY	UNIT PRICE	TOTAL AMOUNT
（商品名）	（数量）	（単価）	（総額）

DELIVERY TERMS：CIP New York by sea
（受渡条件）

Ball Bearing	20,000 units	US$10.00/unit	US$200,000.-
Item number JPN-116-A			

TOTAL：	20,000 units		US$200,000.-
（合計）			

　　　　PACKING：EXPORT STANDARD PACKING
　　　　　（梱包）
　　　　NET WEIGHT：④　　　　　　　
　　　　　（純重量）
　　　　GROSS WEIGHT：⑤　　　　　　　
　　　　　（総重量）
　　　　MEASUREMENT：⑥　　　　　　　
　　　　　（容積）
　　　　COUNTRY OF ORIGIN：Japan
　　　　　（原産国）
　　　　MANUFACTURER：Kyoto Industry Co., Ltd. Japan
　　　　　（製造者名）

　　　　　　　　　　　　　　JAPAN TRADING Co., Ltd.
　　　　　　　　　　　　　　　（売手名）
　　　　　　　　　　　　　　　< Signed >
　　　　　　　　　　　　　　Ichiro Suzuki, Export Manager

■解答

INVOICE
（インボイス）

INVOICE NO. : JPN-00-123   INVOICE DATE : March 5th, 20XX
　（インボイス番号）　　　　　　　　　　　　　　　（インボイス日付）

FOR ACCOUNT AND RISK OF :   MARKING :
　（買手名・住所）STAR Inc.　　　　　　　　　（荷印）

10th, Bush Street,

New York, U.S.A.

```
                                                    ┌─────────┐
                                                    │  J P N  │
                                                    └─────────┘
                                                    Ball Bearing
                                                    JPN-116-A
                                                    C/N 1-UP
                                                    Made in Japan
```

SHIPPED PER : （船名）Rokkou Maru

SAILING ON OR ABOUT : （出航日・予定日）① **March 10th, 20XX**

PORT OF LOADING : （積港）② **Yokohama, Japan**

PORT OF DESTINATION : （仕向港）③ **New York, U.S.A**

PAYMENT : （支払い）Letter of Credit at sight

DESCRIPTION （商品名）	QUANTITY （数量）	UNIT PRICE （単価）	TOTAL AMOUNT （総額）
DELIVERY TERMS : CIP New York by sea （受渡条件）			
Ball Bearing Item number JPN-116-A	20,000 units	US$10.00/unit	US$200,000.-
TOTAL : （合計）	20,000 units		US$200,000.-

PACKING : EXPORT STANDARD PACKING
　（梱包）

NET WEIGHT : ④ **6,000 KGS**
　（純重量）

GROSS WEIGHT : ⑤ **6,600 KGS**
　（総重量）

MEASUREMENT : ⑥ **7.0 M3**
　（容積）

COUNTRY OF ORIGIN : Japan
　（原産国）

MANUFACTURER : Kyoto Industry Co., Ltd. Japan
　（製造者名）

JAPAN TRADING Co., Ltd.

（売手名）

< Signed >

Ichiro Suzuki, Export Manager

■問題 2　①〜⑫を埋めて梱包明細書を完成させよ。

PACKING LIST
（梱包明細書）

Seller : JAPAN TRADING Co.,Ltd.　　　　　Invoice No. and Date : JPN-00-123
（売手）6-18,Sakuragicho 3-chome,　　（インボイス番号・日付）March 5th, 20XX
　　　Naka-ku, Yokohama,
　　　Kanagawa, Japan

Buyer（買手）	Shipping Mark（荷印）
STAR Inc 10th Bush Street, New York, U.S.A.	J P N Ball Bearing JPN-116-A C/N 1-UP Made in Japan

	L/C No.（L/C 番号） 12345	Issuing Date（発行日） February 20th, 20XX

Vessel or （船名）　On or about（出航日・予定日）　Issuing Bank（L/C 発行銀行）
　"Rokkou Maru"　　⑦ □
From （出航地）　　　Via（経由地）　　City World Bank
⑧ □　　　　　　　　　　　　　　　8th Clinton Avenue, New York, U.S.A.
To （仕向地）　　　　　　　　　　　Other Payment Terms （その他支払条件）
⑨ □

Description of Goods （商品名）	Quantity （数量）	Weight （重量）	Measurement （容積）
Ball Bearing Item number : JPN-116-A	20,000 units	Net Weight ⑫ □ ⑩ □ Gross Weight ⑪ □	

(500 Cartons)

Country of Origin : Japan
（原産国）

JAPAN TRADING Co.,Ltd.
（売手名）

＜ 署名 ＞
Ichiro Suzuki, Export Manager

売手は，本契約第１条に規定の商品の販売を希望し，

買手は，売手から既述商品を購入および輸入することならびに米国で販売することを希望している。

NOW, THEREFORE, it is agreed between the parties as follows:

よってここに，当事者の間で次のとおり合意する。

---

① 表題は，この契約書の本文に記載されている内容を便宜的に表現したものであるが，法的にはその表題にとらわれることなく，本文内容をしっかりと把握する必要がある。

② 前文について考えよ。

1）"This Agreement" を主語（Subject）として，この主語を受ける動詞はどれに該当するか。

2）この契約における当事者は誰か。

3）"WITNESSETH" について，"WITNESSES" が正しいはずであるのに，どうして -ETH と表現されるのか。

4）"WHEREAS" を日本語に翻訳すると，どのように表現できるか。また，この単語に後続する文章には，どのような特徴があるか。

☞ 用語解説

① entered into　締結された

本来なら "This Agreement" と "entered" の間に関係詞の that や which を置いた後 be 動詞がくるはずだが，関係詞と be 動詞を省略している。これが伝統的な英文契約書の書き出しのスタイルである。

② This Agreement

「This Agreement」が主語で，それを受ける述語は「WITNESSETH」と

なり，証するということになる。

　そして本契約書の後文の文頭，「IN WITNESS WHEREOF」（上記の証として）当事者の署名により本契約は本文の内容を証すると続く。

　また，前文では各社の正式社名と本店所在地を書き入れる。

　次に「WITNESSETH」だが，これはよく英文契約書で使われる言葉で，「証する／WITNESS」の三人称単数現在形に語尾 -ETH（古典英語の活用形）をくっつけたものである。

③　WHEREAS

　この言葉自体にあまり意味はない。しかし英文契約書においては，この言葉の後に，契約に至る経緯や背景または当事者の契約に至った動機を書くことが多い。

(2)　本文：第1条　目的

> Article 1.　Purpose
>
> Buyer agrees to buy and Seller agrees to sell the products (④hereinafter referred to as "Products") upon the terms and conditions hereinafter set forth.
> Products shall be detailed in Appendix attached ④hereto.
>
> > 第1条　目的
> >
> > 本契約中にて以下に定める諸条件により，買手は商品（以下「契約品」と称する）を購入することに同意し，売手はそれを販売することに同意する。
> > 契約品は本契約に添付の付属書に詳述されるものとする。

① 　英文契約書の第1条には，契約目的や契約書に多用される言葉の定義（definition(s)）を規定することが多い。

② 　"hereinafter"を言い換えする場合，次のように表現できる。適切な英単語を記入せよ。

"hereinafter" = " [　　　　　　] this Agreement and [　　　　　　] this Agreement"

〈応用〉　それでは，"thereto" とはどう考えればよいか。

☞ **用語解説**

④ **hereinafter／hereto／hereunder　この契約の／この文の後／この契約にて**

つまり，here は this Agreement を指す。例えば，"hereunder" は "under this Agreement" の意味である。

よって，"hereinafter"= " [in] this Agreement and [after] this Agreement"

となる。

〈応用〉　"thereto" = to that

☞ **条項解説**

この英文契約書サンプルでは，今回の契約目的について明確に記載している。なお，英文契約書の典型的なスタイルとしてこのような「目的」や英文契約書内で使用される用語の定義（definition(s)）が第1条に置かれることが多い。

(3)　第2条　個々の契約

Article 2.　Individual Contracts

Each individual contract under this Agreement ⑤shall be ⑥subject to this Agreement but such contract shall be concluded and carried out by Seller's sales note or contract form, which shall ⑦set forth the ⑧terms, conditions, rights and obligations of the parties hereto except those ⑦stipulated in this Agreement, or such other condition as may be notified and added thereto or substituted therefor by Seller and confirmed by Buyer in writing from time to time during the life of this Agreement.

Both ⑥parties agree that Seller shall reserve the right to supply or authorize other companies to distribute Products.

第2条　個々の契約

本契約に基づく各個々の契約は，本契約に従うものとするが，その個々の契約は，本契約に規定した事項を除いて，諸条件および本契約当事者の権利義務を規定した売手の売契約書若しくは 契約フォーム，または，本契約の有効期間中に随時書面で，売主によってそれ（売契約書若しくは契約フォーム）に付加または置換されて通知され，そして買手によって確認されたその他条件で締結され実施される。

両当事者は，売手が契約品を他の会社に供給する権利または販売する承認を与える権利を留保することに同意する。

---

①　"This Agreement"と"Individual Contract"との関係について考えよ。

　　両書面のうち，この文章ではどちらの書面の方が優先的に取り扱われるか。

　　　　　　　個個・・・・個（子亀）【個々の注文・契約】

　　　　　　　　基本契約書（親亀）　【継続的包括契約】

②　第2条を英文法を用いて解析すると，次のように表示できる。

　　キーポイントは関係詞や接続詞および"，（カンマ）""：（コロン）"

　　"；（セミコロン）""．（ピリオド）"などである。

Article 2. Individual Contracts

Each individual contract under this Agreement shall be subject to
　　　　　　　　　（S）　　　　　　　　　　　　　　（V）
this Agreement but such contract shall be concluded and carried out
　　（O）　　　　　　　（S）　　　　　　（V）　　【受】
by ／① Seller's sales note or contract form, which shall set forth the
　　　　　　　　　　　　　　　　　　　　　　　　　（V）

第６条　税金

本契約両当事者は，本契約に基づき供給される契約品に対しまたはそのために，それぞれの国で法律により課せられる税金を支払うものとする。

(8)　第７条　梱包

Article 7.　Packing

Standard export packing, customary for the kind of Products shall be accepted by both parties hereto.

第７条　梱包

契約品の種類により慣習となっている標準輸出梱包は，本契約両当事者により受諾されるものとする。

(9)　第８条　検査

Article 8.　Inspection

The inspection of quality shall be done ㉔according to the export regulations of Japan by Seller, which shall be considered as final. ㉕Should any specific inspector be designated by Buyer, all additional charges incurred thereby shall be borne by Buyer.

第８条　検査

品質検査は，日本の輸出規則に従い，売手により行われるものとし，それが最終的なものとみなされるものとする。買手が特定の検査人を指定する場合，それによって生じたすべての追加費用は，買手が負担するものとする。

☞ **用語解説**

㉔　according to 〜　〜に従って

㉕　**Should any specific inspector be designated by Buyer**
特定の検査人が買手によって指名される場合

この文章は倒置型となっていることに注意していただきたい。

⑽　第9条　所有権

Article 9. ㉖Title

The title of Products purchased by Buyer shall, in principle, transfer to Buyer from Seller at the time when such Products are delivered to the place decided upon by mutual consent of the parties hereto, provided, however, that Seller reserves the title until the full payment for Products is made hereunder.

第9条　所有権

買手が購入した契約品の所有権は原則として，本契約当事者の相互の同意により定められた場所に，当該契約品が引き渡されたときに売手から買手に移転するものとするが，但し，売手は契約品に関する全支払いが本契約に基づき行われるまでその所有権を留保する。

①　この資料のサンプル契約書に関して，第23条により，日本国法に準拠して契約書文言を解釈するので，一応"title"を所有権と翻訳している。
（本来"title"は，物に対する **「権原」** のことを英米法では指す。なお，日本の法務省では所有権のことを"ownership"と翻訳している）

②　この第9条の後半では，第4条で学んだ"provided"が表現されている。

用語解説

㉖　title　所有権

　売契約における相手方への所有権の移転は，INCOTERMS のような貿易条件では定まらないため，契約当事者間ではっきりと取り決める。

　特に売手の場合，買手に代金の支払いを完済してもらってから，所有権全部を移転するようにする。

⑾　第10条　クレーム

Article 10.　Claim

1. Buyer shall notify Seller of any claim for ㉗<u>defective</u>　material or workmanship of Products by written notice within sixty (60) days after the arrival of Products at the destination specified in the bill of lading. Further full particulars of such claim shall be made in writing and forwarded by registered airmail to Seller within thirty (30) days after the above mentioned notification, accompanied by a leading sworn authorized survey report proving such defect. If Buyer fails to notify Seller of such claims or forward full details within the period specified above, Buyer shall ㉘<u>be deemed</u> to have ㉙<u>waived</u> any claim regarding Products.
2. Seller shall not be ㉚<u>liable</u> for:
   a)　㉛<u>damages</u> caused by incorrect use and maintenance of Products due to non-adherence to Seller's instructions;
   b)　any consequential damages and losses;
   c)　damages caused by third parties;
   d)　damages incurred by third parties.

第10条　クレーム

　1．買手は，契約品の瑕疵ある材料または仕上げに対するクレームを船荷証券に特定された仕向地への契約品の到着後60日以内に書面で売手に通知するものとする。さらに，当該クレームの完全な明細を書面にて作成し書留航空郵

便で，上記の通知後30日以内に，当該瑕疵を証明する一流の宣誓公認サーベイヤーの報告を添付し売手に送付するものとする。買手が当該クレームを上記の各期間内に売手に通知しないかまたは完全な明細を送付しない場合，買手は，契約品に関するクレームを放棄したものとみなされるものとする。
２．売手は下記のものについて，責任を負わないものとする。
　　　a）　売手の指示を遵守しなかったことによる契約品の誤った使用または保守によって発生した損害賠償
　　　b）　間接損害および損失の損害賠償
　　　c）　第三者が引き起こした損害賠償
　　　d）　第三者が被った損害賠償

①　クレーム条項とは，契約の一方当事者が受領した商品にキズや不具合があったことから，相手方当事者に対して，その不具合等について，是正・善処することを請求する権利を定めた条項である。
②　クレーム条項に関して，輸出者が契約書原稿を作成する際に重要なポイントは何かを考えよ。
　　（ヒント：このサンプル契約書の原稿は，売主である日本企業が作成している。売主の立場から考えてみよう）
③　この条項には，重要な言葉が多く含まれているので，用語解説をチェックせよ。

用語解説

㉗　defective　キズのある：瑕疵ある
㉘　be deemed　～とみなす
㉙　waive（d）　放棄する
㉚　liable　～の責任を負う
㉛　damages　損害賠償
damage は被害の意味だが，複数形の damages となると損害賠償という意味になる。

☞ 条項解説

　クレームは，契約の相手方に対して取引上の商品等の不具合について是正・修正を求める請求権である。売手から原案を作成する場合は，買手によるクレーム権利行使の期間を明示し，クレームの方法（例えば書面）を限定するようにしている。これは，買手による不当なクレーム権の行使を防止するための方策である。

⑿　第11条　不履行

Article 11. ㉜Default

Buyer is liable for result arising from its failure or delay in providing L/C and/or necessary instructions, or else in conforming to the terms and conditions prescribed herein. Seller is entitled to re-sell, or hold defaulted Products for account and at the risk of Buyer or to ㉝cancel this Agreement.

第11条　不履行

買手は，本契約に定める条件に合致した信用状および／または必要な指示若しくはその他のものの給付についての買手の不履行または遅滞から生ずる結果につき，責任を負う。売手は，不履行の対象となった契約品を転売し，または買手の勘定と危険負担において保持し，または本契約を解除する権利を有する。

☞ 用語解説

㉜　Default　債務不履行

　当事者が契約を結んだにもかかわらず，契約実行の遅延や不完全な実行，または契約不実行等が，契約当事者の責任により発生して違法行為となっている場合の対処についての条項である。

㉝　cancel　解除

　契約が債務不履行となったままでは売手は困るので，売手は一つの権利として解除権を行使することができる。もちろん契約解除によって売手は買手に損害賠償を請求できる。

☞　条項解説

　（契約）不履行とは，契約当事者が契約履行期を過ぎ，かつ，契約内容につき実行すればできるはずであるにもかかわらず，その履行が不完全であったり，また履行が遅延や不能となった場合で，かつ，相手方の帰責事由やその行為が不法であることによって成立する。通常契約不履行が起こると，契約者の一方が他方の契約者に対して契約の解除を行い，かつ相手方に損害賠償を請求することができる場合がある。

⑬　第12条　契約期間

Article 12.　Term

This Agreement shall remain in full force and effect for an initial term ending one (1) year after the date first set forth above, unless earlier terminated as provided in this Agreement.
So long as (i) the parties continue to meet their obligations hereunder and (ii) this Agreement has not been otherwise terminated pursuant to Article 17, this Agreement shall be automatically renewed for additional one (1) year term unless either party provides the other party with a written notice of its desire to terminate this Agreement not later than thirty (30) days prior to the scheduled end of the current term and shall be the same thereafter.

第12条　契約期間

本契約は，本契約の規定によって早期に終了しない限り，当初は冒頭記載の日付から1年間有効とする。

> （i）当事者がその義務を履行し続けていて，かつ（ii）本契約が第17条によって解除されない限り，当事者のいずれかが期間満了の30日前までに他方当事者に対し書面で終了の意思を通知しない限り，本契約は自動的に１年間更新され，以後も同様とする。

① 経済的契約において，両当事者間で"期間の定めのない契約"も原則として有効である。しかし，相手方との経済活動を一定期間設定して，お互いの取引維持，拡大に向けた話し合いを定期的に行う方がよいであろう。

② サンプル契約書において，「契約期間の自動更新」に関する条文が含まれている。その文章を探してみよ。

条項解説

契約書には，単なる１回限りのスポット売買契約を除き，契約の有効期限を明記する。契約の締結日からその有効期限内につき，契約当事者は当然その契約内容に拘束される。

しかし，契約者の一方が契約内容を不法に履行（実行）しない場合や，履行したとしても不十分な場合などで，他方の契約者を拘束するのが不合理となれば，いつまでも契約にしばりつけておくのは無意味なので，契約を解除して，契約期間を満了させてしまうことも忘れずに記載する。もちろん日本国法では，相手との間で契約不履行により契約解除した場合は，損害賠償を要求できる場合がある。また，契約がスムーズに履行されて，両当事者が本契約をさらに期間延長したい場合の対処方法については，契約期間満了前の一定時期に両当事者の意思を表明することが必要となることもあるので注意が必要である。

⑭ 第13条・第14条　商標・特許等

日本企業にとって，自らの知的財産権の保護は非常に重要である。日本企業が海外で事業展開するに際して，その保護について検討したうえで，外国企業と契約するようにすべきである。

Article 13.　Use of Trademarks

Trade names and trademarks of Products are exclusive properties of Seller and the right to such names and marks shall be registered in Territory by Seller as owner. Buyer ㉞<u>is granted the right</u> to use aforementioned trade names and trademarks only in connection with the sales of Products in Territory. It is agreed that, ㉟<u>upon termination</u> of this Agreement, the right to use the ㊱<u>aforementioned</u> trade names and trademarks granted to Buyer by Seller shall be terminated and all such rights shall thereupon revert to Seller unconditionally and without any ㊲<u>consideration</u> and Buyer agrees to discontinue the use of aforementioned trade names and trademarks.

第13条　商標の使用

商号および契約品の商標は，売手の独占的な財産であり，当該商号および商標は，契約地域内において，所有者として売手により登録されるものとする。買手は，契約地域内における契約品販売に関してのみ，前述の商号および商標の使用権を付与される。本契約終了の際は，売手により買手に付与された前述の商号または商標の使用権が終了するものとし，すべての当該権利がその時点で，無条件かつ何らの対価なく売手に復帰するものとすることが合意され，買手は，前述の商号および商標の使用を中止することに同意する。

☞ 用語解説

㉞　**be granted the right**　権利を付与される
㉟　**upon termination**　終了時
㊱　**aforementioned**　前に述べた：前述の
㊲　**consideration**　対価：約因

通常の英文では熟慮とか考えの意味であるが，契約書では対価という意味になる。

第3章　輸　　出

条項解説

　最近貿易取引の現場で，契約終了後において外国企業が日本企業の商号（会社名）や商標の使用終了を放置したり，有償により使用を終了させるという事態が生じている。契約終了後においては，相手方の外国企業から日本企業の重要な商標権等の使用終了とともに，無償かつ無条件で返却することを契約書に当初から明記しておく。

Article 14.　Patent, etc.

1. Buyer acknowledges that any and all the copyrights, patents and other industrial property rights used or embodied in Products purchased from Seller remain to be sole properties of Seller or lawful owner thereof, and shall not in any way dispute them.
2. Seller shall not be responsible for any ㊳infringement or unauthorized use with regard to any patent, utility model, design patent, trademark, copyright or any other industrial property rights whether in Buyer's country or any other territory. Nothing herein contained shall be ㊴construed transfer of any patent, utility model, design patent, trademark, copyright or any other industrial property rights covering Products, and shall all such rights are expressly reserved to the true and lawful owners hereof.

第14条　特許等

１．買手は，売手から購入する契約品に使用または具現される著作権，特許および他の工業所有権のすべてが売手自身またはそれらの法的所有者の専属的な財産であることを確認し，いかなる方法によってもそれらについて争わないものとする。
２．売手は，買手の国またはその他の地域における，いかなる特許，実用新案，意匠，商標，著作権またはその他の工業所有権に関するいかなる侵害または無権限の使用に対して責任を負わないものとする。
　本契約に含まれるいかなるものも契約品を保護するいかなる特許，実用新案，意匠，商標，著作権，あるいはその他の工業所有権の移転と解釈されな

127

> いものとし，またすべての当該権利は明確にこれらの正当かつ法的所有者に
> あるものとする。

☞ 用語解説

㊳　infringement　侵害

契約当事者の持つ権利に対する侵害という意味である。

㊴　construe(d)　〜を解釈する

法律を解釈するというような場合に使用される。

☞ 条項解説

　特許権等は重要な知的財産権である。日本企業として海外取引を行う場合に，相手国側での特許権等取得についても慎重に検討することが必要である。

⒂　第15条　製造物責任

Article 15. ㊵Products Liability

Buyer shall at its own expense ㊶indemnify and hold harmless Seller and the directors, officers and employees of Seller from and against any and all losses, damages (actual, consequential or indirect) , liabilities, penalties, fines, claims, demands, suits or actions, and related costs and expenses of any kind (including, without limitation, expenses of investigation and recall, counsel fees, judgements and settlements) for injury to or death of any person or property damage or any other loss suffered or allegedly suffered by any person or entity arising out of or otherwise in connection with any defect or alleged defect of Products sold by Seller to Buyer under this Agreement, except to the extent such claim is caused by the gross ㊷negligence or willful ㊸misconduct of Seller. The obligations of Buyer provided for in this paragraph shall survive after the cancellation, termination, rescission or expiration of this Agreement.

> **第15条 製造物責任**
>
> 買手は，買手の費用で，いかなるおよびすべての損失，損害賠償（実質的な，結果的なまたは非直接的な），責任，ペナルティー，罰金，クレーム，要求，請願あるいは訴訟，ならびに個人の損傷または死亡，物的損害，あるいは本契約に基づいて売手から買手に売買された契約品のいかなる瑕疵または申し立てられた瑕疵に関係してかあるいはその逆で生じた，いかなる個人または実在物が被ったかあるいは被ったとされるその他いかなる損失のためのいかなる種類の関係費用や経費（調査ならびにリコール費用，協議費用，審判および和解費用を含むがこれに限らない）から，当該クレームが売手の総体的怠慢または意図的違法行為に起因する場合を除いて，売手および売手の取締役，役員，従業員を補償しまた免責するものとする。
> 本条に規定された買手の義務は本契約の取消し，解除，無効または満了後も効力を持つものとする。

　サンプル契約書の英文・日本文の条項本文は，日本の製造物責任法を念頭に置いて作成している（第23条準拠法が日本法のため）。

　しかし，米国各州法による製造物責任法は，被害者の救済保護に特に力点が置かれていることを知ったうえで，契約交渉を行うべきであり，また実務的には，ぜひ，輸出用（海外向）PL保険の付保等の検討をすべきである。

☞ 用語解説

- ㊵ Products Liability　製造物（生産物）責任
- ㊶ indemnify　補償する：賠償する：償う
- ㊶ hold harmless　免責する
- ㊷ negligence　怠慢
- ㊸ misconduct　不正行為

☞ **条項解説**

　特に米国等の先進国向け取引では，製造物責任訴訟に対抗するために，輸出用の製造物責任保険契約を付保することも重要である。

⒃　第16条　秘密保持

Article 16.　㊹Confidentiality

All information, specifications, documents or drawings supplied to or acquired by Buyer from Seller hereunder other than information which is or becomes officially available to the general public shall be supplied to or acquired by Buyer in confidence solely for the use of Buyer under this Agreement and Buyer shall use its ㊺best endeavours to take all steps necessary to keep and to ensure that its employees and agents keep such information confidential and shall not disclose the same to any other person at any time during the life of this Agreement and/or after its termination.

第16条　秘密保持

一般公衆にとって公に入手可能であるかまたはそうなる情報以外の本契約に基づき買手が売手から与えられ取得したすべての情報，仕様書，書類または図面は，本契約に基づき，買手の利用の為のみに秘密として買手が与えられ取得したものとし，買手は，その使用人および代理人が，当該情報を秘密に保持することを維持，確保するため，必要なすべての手段をとるよう最良の努力をなすものとし，他の者に対して，本契約期間中及び／またはその終了後のいかなる時にもそれを開示しないものとする。

☞ **用語解説**

㊹　confidentiality　秘密：守秘義務
㊺　best endeavours　最善の努力

第3章　輸　　出

☞ **条項解説**

　売手と買手の間では，商品に関するさまざまな情報につき，契約期間および契約終了後の一定期間，その秘密を守るように契約する。もちろん大衆に対して公知となっている情報は守秘義務の対象とはならないが，それ以外の情報については契約当事者以外にもれないようにする。

　また，守秘義務に違反した場合には，契約解除および損害賠償の請求ができるように他の条項との調和についてもチェックするようにしていただきたい。

⒄　第17条　解除

Article 17.　Termination

This Agreement shall be terminated;
a) without ㊺prejudice to any damages or ㊼legal redress that it may be ㊽entitled to, if the injured party wishes to terminate, in the event the other party substantially fails to comply with any of the ㊾provisions of this Agreement, and does not remedy the violation or breach within sixty (60) days after it has been notified thereof.
b) in case of bankruptcy, or winding up of Buyer.

第17条　解除

本契約は，下記の場合，解除するものとする。
a）相手方当事者が，本契約の規定を実質的に遵守せず，その旨の通知がなされてから60日以内にかかる権利侵害または契約違反を是正しない場合に，損害を被った当事者が契約の解除を望むとき。但し，被害を被った当事者が求償権を有する損害賠償または法律上の救済手段に何ら影響を与えるものではない。
b）買手の破産または解散の場合

☞ 用語解説

㊻　**prejudice　不利**

通常は偏見という意味だが契約書では不利の意味である。

㊼　**legal redress　法的救済**

㊽　**entitle(d)　権利を与える：求償権を有する**

㊾　**provision(s)　（法律等の）規定**

☞ 条項解説

　契約それ自体が履行されない場合にも契約の解除は行うことができるが，本契約自体に問題がなくても契約の相手方の破産や，相手方企業の解散により通常の取引が困難になった場合にも，本契約を解除することが望ましい場合がある。したがって，さまざまな困難を想定して契約解除の条項を作ることもある。

⒅　第18条　仲裁

Article 18. ㊿Arbitration

All disputes, controversies or differences which may arise between the parties hereto, out of, in relation to or in connection with this Agreement, shall be finally settled by arbitration in Osaka, Japan in accordance with the Commercial Arbitration Rules of �51the Japan Commercial Arbitration Association. Provided, however, that neither party may commence any arbitral proceeding when the other party has filed a request for arbitration. The award rendered by arbitrator (s) shall be final and binding upon both parties.

第18条　仲裁

本契約当事者間で本契約から，関して若しくは関連して生じるすべての紛争，論争または意見の相違は，一般社団法人日本商事仲裁協会の商事仲裁規則に従い，

日本国大阪で仲裁により最終的に解決されるものとする。しかしながら，当事者の一方が仲裁機関に仲裁申立書を提出した場合，もう一方の当事者はいかなる仲裁手続も開始することはできない。仲裁人の下した仲裁判断は，最終的であり，両当事者を拘束するものとする。

① 国際取引契約では，紛争解決方法として，裁判ではなく仲裁という方法がよく採用される。その理由を考えよ。

② 　　裁判　　　　　仲裁　　…［ニューヨーク条約］

　　国（裁判所）　　　民間

　　（原則）公開　　　非公開

　　（原則）三審制　（原則）一審制

③ 申立人（原告）plaintiff　×　被申立人（被告）respondent

☞ 用語解説

⑤⓪ Arbitration　仲裁

〈参考〉

ⓐ arbitrator…仲裁人

ⓑ plaintiff…原告

ⓒ defendant／respondent…被告

⑤① The Japan Commercial Arbitration Association　一般社団法人日本商事仲裁協会

☞ 条項解説

　仲裁は裁判と違って，契約当事者の書面等による合意の下行われる私人（仲裁人）による私的紛争解決方法である。

　私的な紛争解決方法といっても，日本では仲裁法という法律が存在しており，仲裁の手続きはこの法律に従って処理される。

　企業間での紛争において，裁判は原則公開となっているが，勝訴するために企業秘密たる証拠の提示が必要となる場合は，企業にとって不都合もある。仲裁は非公開を原則としているので，企業秘密を守ることができる。

　また，仲裁人となる人は，国際業務に精通した人が選任されることで特殊専門分野にも柔軟に対応できる。

　仲裁の裁定内容については，日本と外国との間で国際条約に加盟していれば，外国において強制執行を行うことも可能となる。このような理由から，海外取引の紛争解決手段として，仲裁という方法がよく利用される。

　仲裁は原則として1回のみで決着をつけるので，時間的に短縮をすることも可能である（日本では裁判は原則として三審制）。しかし，たった1回の仲裁審理により決まるので，不当な裁定が出ても，原則としてその結果を受け入れなければならないというデメリットも知っていただきたい。

　仲裁条項には，仲裁機関，仲裁規則および両当事者が仲裁判断に服する旨を書面合意として記載する（日本では日本商事仲裁協会を仲裁機関として，その規則を適用することが多いようだが，当事者が仲裁法廷を設けて行うアド・ホック（AD-HOC）方式もある）。

　ところで，相手方が相手国の仲裁機関およびその仲裁規則を適用するといって契約を譲らない場合はどうすればよいか。第三国の仲裁機関・規則に従うというのも1つの方法だが，被告地主義で決定するのが，両当事者にとって公平と考えられる。被告地主義というのは，日本企業が相手方に不満があり，申立を行いたい場合は，相手国の仲裁機関・規則にて紛争解決を行い，反対に相手方企業が日本企業に対して不満があるときは，相手方は日本の仲裁機関に申立を行い，日本側が指定する仲裁規則に従って解決を行う方法である。ただし，この被告地主義を採用する場合は，両方で仲裁申立が行われる可能性もあるので，受理の早い方を優先する等の規定を置いておくべきである。

　仲裁ではなく，国家機関たる裁判所を利用する場合は，どの国・場所の裁判所を使うのかを両者で合意する。契約の紛争解決を裁判で行う場合の，裁判所の裁判管轄に関する条項は下のとおりである。

　仮に契約当事者が特定国の特定裁判所において紛争解決を行うと定めても，その特定国の民事訴訟法による専属管轄権の有無などにより否定される可能性もあるので注意が必要である。

＊　　　＊　　　＊

Jurisdiction

Each party hereto agrees that the Osaka District Court in Japan shall have competent and exclusive jurisdiction for the first instance over any lawsuit in connection with this Agreement.

裁判管轄

両当事者は，本契約に関するいかなる訴訟も，日本国の大阪地方裁判所を第一審の管轄権を有する専属管轄裁判所とすることに同意する。

⒆　第19条　不可抗力

Article 19.　㉒Force Majeure

In the event of prohibition of export, refusal to issue export license, ㉓Act of God, war, blockade, embargoes, insurrection, mobilization or any other actions of Government authorities, riots, civil commotions, warlike conditions, strikes, lockout, shortage or control of power supply, plague or other epidemics, quarantine, fire, flood, tidal waves, typhoon, hurricane, cyclone, earthquake, lightning, explosion, or any other causes beyond the control of Seller or Force Majeure, Seller shall not be liable for any delay in shipment or delivery, non-delivery, or destruction or deterioration, of all or any part of Products, or for any default in performance of this Agreement arising therefrom, and Buyer ㉔is bound to accept delay in shipment or delivery within the reasonable time or to accept cancellation of all or any part of this Agreement as the case may be.

135

第19条　不可抗力

輸出禁止，輸出ライセンスの発行拒否，天変地異，戦争，封鎖，出港禁止，反乱，動員若しくは政府機関の他の行為，暴動，内乱，戦争状態，ストライキ，ロックアウト，電力供給不足若しくは管制，疫病若しくは他の流行病，検疫，火災，洪水，津波，台風，ハリケーン，サイクロン，地震，落雷，爆発，または売手の支配を越えた他の事由若しくは不可抗力の場合，売手は，契約品の全部若しくは一部の船積み若しくは引渡遅滞，引渡不能または破損若しくは悪化，またはそれから生じる本契約の債務不履行に対し責任を負わないものとし，買手は，相当な期間内における船積み若しくは引渡遅滞の受諾または場合に応じ本契約の全部若しくは一部の解除を受諾しなければならない。

① まず不可抗力条項とは何かを理解する。

② “Force Majeure” と “Act(s) of God”

用語解説

52 Force Majeure　不可抗力

「Act of God」ともいう。

53 be bound to　必ず～しなければならない

bound は bind の過去分詞形である。

条項解説

契約の両当事者が契約で締結した内容を実行しようとしても，地震や台風など天変地異によって契約を履行できないことがある。そのような事態に備えて，契約をどう処理するのかを定めたものが不可抗力の条項である。

本来，天変地異等により契約内容が実現できない場合において，契約の当事者には責任はないので，契約不履行の責任である損害賠償責任を負うことはない。しかし，国際間の紛争をより未然に防ぐため，不可抗力による対処方法を

条項解説

準拠法（Governing Law）

　海外取引の契約書において，契約書の内容の効力や解釈について疑義が発生したときに，いずれの国や領域の法律を適用するのかを定めるのが準拠法の条項である（例えば「損害賠償」という言葉の解釈について，日本法では被害者の個人的な被害，つまり病院での治療費や精神的苦痛に対する賠償が対象となる。しかし米国の州法では，「損害賠償」は被害者個人の損害をカバーするだけでなく，社会的な損害をカバーする“懲罰的損害賠償（punitive damages）”が認められており，日本法と異なる）。

　日本人や日本企業にとっては，もちろん日本法がベストな選択であることは言うまでもない。

　しかし，契約の相手方も，相手方の法律を準拠法とするべく契約交渉を譲歩してこないこともしばしばである。このような場合は，本契約にはあえて準拠法を定めないでおいて，紛争時の解決機関等にゆだねる方法と，本契約において日本と相手国の両方ではない第三国法を準拠法として定めるという2つの方法がある。

　第三国法を準拠法とする場合，最近日本でも米国ニューヨーク州やカリフォルニア州弁護士資格を持った日本人弁護士も増えてきているので，このような国・州の法律を第三国の準拠法として定めることも考えられる。

⑳ 第24条　適用言語

Article 24.　Governing Language

This Agreement is in English language only, which language shall control and any version in any other language shall be for accommodation only and not bind the parties.

> 第24条　適用言語
>
> 本契約は，英語のみにより，英語が支配するものとし，他の言語によるいかなる翻訳も，便宜上用いられるのみであり，当事者を拘束するものではない。

　国際取引契約書の適用言語を「日本語」とすることはできるだろうか。

　また，契約書に複数の言語を適用可とすることに問題はないだろうか。

🖝 条項解説

　契約書を締結する際に，我々日本人や日本企業の場合には母国語である日本語が一番有利である。

　しかし，相手方が日本語を理解できず，ある程度理解はできるが，相手方の言語を契約書の適用言語として要求してくることがある。

　また，海外取引を行う際，大変残念ではあるが，日本語はどうしても全世界で使用される共通言語とはなっていないのが実情である。

　やはり，世界的にみて英語が海外取引の現場で最も頻繁に使用される言語である。このような状況の中で，海外取引契約書を作成する場合の使用言語について２種類以上の言語を用いて契約書を作成する場合は，どの言語を優先して解釈するのかという優劣をはっきりさせておかないと，紛争時に問題が起きてしまう。例えば，英語を契約書の適用言語と定めておいて，その翻訳として他の言語，例えば日本語や中国語を使うという優劣をつけておくことが必要である。

㉕　第25条　完全合意

本条項の法的意義を学ぶ。この英文のキーワードは，"supersede"である。

Article 25. ㊼Entire Agreement

This Agreement constitutes the final and entire agreement by and between the parties with respect to any and all subject matters covered herein and shall ㊽supersede all previous representations, understandings and agreements between the parties relating hereto.

第25条　完全合意

本契約は，本契約に包含されるすべての事項に関する当事者による当事者間の最終的かつ唯一の合意を構成し，その主題に関する当事者間のすべての事前の表示，了解および合意に優先するものとする。

☞ 用語解説

㊼　**Entire Agreement　完全なる合意**
㊽　**supersede　〜に優先する：〜に取ってかわる**

☞ 条項解説

　売手と買手の両者は，基本契約を締結するまでの間に条件交渉を行うが，一定の条項については譲歩したり，その他の条項については強く主張したりしながら交渉を進める。

　場合によっては，当初予定していた内容と，最終の本契約の内容ではかなり差異があることも決して珍しいことではない。

　本契約締結後に，契約交渉中のことについて蒸し返し等の問題が起きないように，過去の契約交渉中の内容はすべて水に流して，本契約書の記載のみが両当事者の合意事項であることを宣言しているのが「完全なる合意」条項である。

もちろん，この条項を置いていても，本契約締結後に両当事者が書面等で合意できれば本契約を修正・解除できることは当然可能である。

㉖　後文・署名欄

　相手方にて企業としての権限を有する者による署名がなされているかどうかをしっかりとチェックせよ。

㊾IN WITNESS WHEREOF, the parties hereto have caused this Agreement to be signed and sealed by their duly authorized officers or representatives as of the date first above written.

> 上記の証拠として，本契約当事者は，その正当に授権された役員または代表者によって，冒頭に記載された日付で，本契約に署名および捺印させた。

```
                    Seller:
                    （売手）
                    By: _____

                    Buyer:
                    （買手）
                    By: _____
```

☞ 用語解説

㊾　**IN WITNESS WHEREOF　上記の証拠として**

☞ 条項解説

　契約書には，確かな権限を持った者が署名しているかどうかをしっかりと確認していただきたい。

第 4 章

輸　　入

1．輸入業務の重要ポイント

(1)　商品の品質と納期

品質については，商品によって次のような観点から特定する。

a．見本（Sample）

　　繊維の色・柄など

b．標準品（Standard Quality）

　　FAQ（Fair Average Quality Terms）

　　平均中等品質条件—農産物など

　　GMQ（Good Merchantable Quality Terms）

　　適性品質条件—木材など

c．ブランド・商標

d．仕様書（Specification）

　　薬品（化学名・化学構造式・色・におい・比重など）

e．規格品

　　JIS（日本産業規格）・DIN（ドイツ工業規格）

　　ISO（International Organization for Standardization：国際標準化機構

　　の規格）

納期については，できるだけ前広に輸入できるよう余裕をもって契約する。

(2)　外国企業との輸入取引三鉄則

①　取引先の調査

外国企業が製造する商品の品質や在庫管理の状態について，相手方の工場や倉庫についても実際の立合い調査を行うこと。

また，相手方が提示した見本（サンプル）があれば，その見本も必ず相手の了解を得て，輸入者側で保管することが重要である。

商品の品質クレームでは，客観的な見本（サンプル）が証拠となるためである。

②　契約書の作成

輸入者としては，外国企業が製造する商品の品質保証とクレームの具体的対応策や補償を契約書に盛り込むこと，また，船積みや受渡遅延による損失についても，ペナルティー条項等を置くのも良い方法である。

③　品質と納期を常にチェック

輸入業務にとって「品質」と「納期」は最も重要である。日本市場は，外国市場と違って消費者の要求が高く，厳しいチェックがあることを当初から先方に伝えるとともに，相手方の製造期間中にも出張して，きっちりと管理体制を整えること。

2．輸入コスト計算

輸入の際，収益を確保できるかどうかを事前に計算しなければならない。輸入コストを計算する方法として代表的なものは，①ブレイクダウン方式と②コストプラス方式がある。

コストを計算する際に最も重要なことは，収益に大きく影響する要素，例えば，必要費用や為替相場変動リスクを必ず計上することである。

(1)　ブレイクダウン方式

この方式は，日本で販売可能な小売価格および卸売価格を調査して，その価

格から必要費用等を逆に計算して，自らの輸入価格を決定するやり方である。

　また，競争品が日本国内で販売されている場合にも，その競争品にかかる予想必要費用を割り出して，自らの輸入価格を決める場合もある。

　この方式は，日本国内マーケットの状況が把握できている場合には有効な価格決定方法といえる。

(2)　コストプラス方式

　一方，一番オーソドックスな価格決定方式が，コストプラス方式である。商品の輸入仕入れ価格に，貿易に直接関係する費用，物流業者や通関業者に支払う輸入通関代行費用，そして関税や消費税などの税金，および期待する利益，ならびに国内の輸送費や貨物保険料などを加算する。

(3)　コストプラス方式による輸入取引の価格計算

　今般，「日本商事株式会社（Japan Trading Co., Ltd.）」は，中国のメーカー兼販売店である「香港工業有限公司（Hong Kong Industry Inc.）」より子供用の人形（おもちゃ・玩具）［日本の関税率表では，第20部，第95類］を輸入することになった。

　この人形を製造するための金型は，中国の日系企業である「日中金型製造有限公司」から「日本商事株式会社」が購買したものであり，金型は「香港工業有限公司」に無償提供された。

　また，人形のデザイン権（意匠権）は，フランスの「Quatre Saisons S.A. 社」より「日本商事株式会社」が通常実施権を購買したもので，かつ，このデザイン権が当該輸入貨物に係る輸入取引をするため直接支払われており，このデザイン権も中国の「香港工業有限公司」に契約締結のうえ，無償提供された。

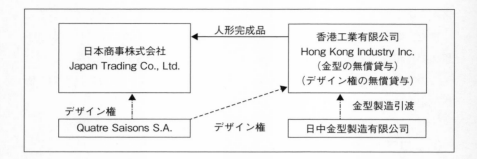

金型代金とデザイン権使用料のロイヤリティは次のとおりである。1セット当たりの原価価格を算出せよ。

輸入の際の関税等の計算のために，金型代やデザイン権使用料について，ここでは1回の輸入のみで償却することとして計算する。

　－金型代：￥500,000.-

　－デザイン権使用料（ロイヤリティ）：￥1,000,000.-

なお，香港工業有限公司から入手している申込み（Offer）内容は，次のとおりである。

　－商　　　品：Toy doll(s)

　－数　　　量：40,920 sets

　－単　　　価：US$2.00／set FCA Hong Kong

　－船　　　積：October, 20XX

　－受　　　渡：FCA Mitsukura Warehouse, Hong Kong

　－支払条件：L／C at sight

日本商事株式会社の物流・通関業務は，三蔵倉庫株式会社が行うことになっており，同社は香港にも子会社がある。

三蔵倉庫株式会社から，次の費用情報が入った。

　梱　　　包：輸出用 Carton Box　1個（30cm ×32cm ×42cm）に24sets 入りにて0.04032M 3 の容積

　　　　　　　40フィートコンテナ1本中に，1,425個の Carton Box

（小計57.4560M 3 ）

およそ

20フィートコンテナ 1 本中に，280個の Carton Box

（小計11.2896M 3 ）

にて運送する

国際運送費：US$700／40FT および US$450／20FT

Y　A　S：US$70／40FT および US$45／20FT

F　A　F：¥5,000／40FT および ¥2,000／20FT

為替レート：1 US$ 当たり　100円換算

海上保険料：¥27,500.

　YAS とは "Yen Appreciation Surcharge" のことで，円高の際の割増運賃のことであり，FAF とは "Fuel Adjustment Factor" と呼んで，船舶燃料費高騰による際の割増運賃のことである。

　さて，これらの情報をベースとして，CIP 課税標準価格を求めると，次のとおりとなる。なお，この CIP 課税標準価格は，関税等を計算するための重要な数字である。

費用項目	金　額
FCA 価格（US$2.00／set ×40,920 sets × ¥100）	¥8,184,000 Ⓐ
国際輸送費(US$700／40FT+US$450／20FT)× ¥100	¥115,000
YAS（US$70／40FT +US$45／20FT ）× ¥100	¥11,500
FAF（¥5,000／40FT + ¥2,000／20FT）	¥7,000
海上保険料	¥27,500
金型代金	¥500,000
ロイヤリティ支払金	¥1,000,000
合計① CIP 課税標準価格	¥9,845,000 Ⓑ

　次に，日本商事株式会社では，CIP課税標準価格を基礎として，商品1セット当たりの原価価格を次のように計算した（なお，輸入関税率はここでは3.9%と仮定する）。なお，乳幼児用のおもちゃは食品衛生法に基づく検査や届出が必要である。

費用項目	金　額
関税 [￥9,845,000 Ⓑ（千円未満切捨て）×3.9%]	（百円未満切捨て） ￥383,900 Ⓒ
消費税 [（課税標準価格 Ⓑ ＋関税額 Ⓒ）×消費税率（7.8%）]	（百円未満切捨て） ￥797,800 Ⓓ
地方消費税[消費税 Ⓓ×22／78]	（百円未満切捨て） ￥225,000
通関費用	￥12,000
食品等輸入届出（代理）費用	￥10,000
輸入貨物物流取扱料	￥10,000
ECHC（Empty Container Handling Charge）	￥30,000
コンテナ配達料およびその他物流費用	￥70,000
食品等検査料	￥20,000
信用状開設費用（￥8,184,000 Ⓐ×0.20%）	￥16,368
SWIFT 発信費用	￥10,000
合計②	￥1,585,068

　　　　輸入費用合計（①＋②）　＝　￥11,430,068.-

　　　　∴ 1 set 当たりの原価価格　≒　￥279／set

　以上によって，1セット当たりの原価価格が計算できるので，この価格を基礎として，日本国内での運送費用や経費等さらに，輸入商品の日本国内での転売利益を上乗せして，販売価格を決定することになる。

3. 輸入取引〔事例演習〕

(1)　輸入契約書の作成

　日本商事株式会社（Japan Trading Co., Ltd.）が，輸入取引の契約書を作成して，フランスのBON MARCHE S.A.へ送付する。取引の契約条件に合わせて，次頁の買契約書（PURCHASE CONTRACT）の①〜⑩を完成させよ。

　1）契約書の番号は『JPN – 1234』とし，作成日は20XX年5月15日とする。

　2）具体的取引条件は次のとおりとする。

　　商　　　品：TOY DOLL（S）［人形］

　　数　　　量：10,000 sets

　　単　　　価：US$ 1.80/set

　　総　　　額：US$18,000.-

　　支　　　払：T／T remittance at 90 days after Air Waybill date

　　貿易条件・受渡条件：FCA Paris Airport

　　船積条件：荷積は，FRANCE, PARIS より日本国大阪向け航空便貨物の
　　　　　　　　積替（換）および分割船積は許容（Allowed）

　3）日本商事株式会社の契約書署名者は，課長（Manager）「鈴木」とする。

■問題　①～⑩を埋めて買契約書を完成させよ。

PURCHASE CONTRACT（買契約書）

SELLER:（売手）	CONTRACT DATE:（契約日）	CONTRACT NO.:（契約番号）
①	②	③
（住所省略）	ORDER NO.:　（注番号）　HKT-789	

DESCRIPTION （商品名）	QUANTITY （数量）	UNIT PRICE （単価）	TOTAL AMOUNT （総額）
		DELIVERY TERMS:　④ （受渡条件）	
TOY DOLL(S)	⑤	US$ 1.80/set	US$ 18,000.-

TOTAL: （合計）			US$ 18,000.-

		MARKING:　（荷印）
TRANSSHIPMENT:	（積替え）⑥	
PARTIAL SHIPMENT:	（分割船積）⑦	
TIME OF SHIPMENT:	（船積時期）By the end of June, 20XX	BON
PORT OF LOADING:	（積荷港）Paris, FRANCE	
PORT OF DESTINATION:	（仕向港）Osaka, Japan	C.No. 1-1705
PACKING:　（梱包）	Export Standard Packing	OSAKA
PAYMENT:　（支払い）⑧		MADE IN FRANCE

INSURANCE:（保険）----------------

INSPECTION:（検査）----------------

OTHER TERMS AND CONDITIONS:　（その他条件）

Subject to general terms and conditions set forth in back.

（裏面の一般的取引条件によるものとする）

ACCEPTED BY:

①
⑨

(signed)　(Seller)	(signed)　(Buyer)
Charle De Gaul, Manager　（売手）	⑩　（買手）

On　〔日付〕

Please sign and return one copy.

（署名後一部送して下さい）

SEE TERMS AND CONDITIONS ON REVERSE SIDE

（裏面約款を御覧下さい）

■解答

PURCHASE CONTRACT（買契約書）

SELLER: （売手） ① **BON MARCHE S.A.** （住所省略）	CONTRACT DATE: （契約日） ②**May 15th, 20XX** ORDER NO.: （注文番号）　HKT-789	CONTRACT NO.: （契約番号） ③**JPN-1234**

DESCRIPTION （商品名）	QUANTITY （数量）	UNIT PRICE （単価）	TOTAL AMOUNT （総額）
		DELIVERY TERMS: ④ **FCA Paris Airport** （受渡条件）	
TOY DOLL(S)	⑤ **10,000 sets**	US$ 1.80/set	US$ 18,000.-
	TOTAL: （合計）		US$ 18,000.-

		MARKING:　（荷印）
TRANSSHIPMENT:	（積替え）⑥ **Allowed**	
PARTIAL SHIPMENT:	（分割船積）⑦ **Allowed**	
TIME OF SHIPMENT:	（船積時期）By the end of June, 20XX	BON
PORT OF LOADING:	（積荷港）Paris, FRANCE	
PORT OF DESTINATION:	（仕向港）Osaka, Japan	C.No. 1-1705
PACKING:　（梱包）	Export Standard Packing	OSAKA
PAYMENT:　（支払い）	⑧ **T/T remittance at 90 days after** **Air Waybill date**	MADE IN FRANCE

INSURANCE: （保険）---------------

INSPECTION: （検査）---------------

OTHER TERMS AND CONDITIONS:　（その他条件）

Subject to general terms and conditions set forth in back.

（裏面の一般的取引条件によるものとする）

ACCEPTED BY:

① **BON MARCHE S.A.** ⑨ **Japan Trading Co., Ltd.**

(signed)　　(Seller)	(signed)　　(Buyer)
Charle De Gaul, Manager　（売手）	⑩ **Suzuki, Manager**　（買手）

On　〔日付〕

Please sign and return one copy.

（署名後一部返送して下さい）

SEE TERMS AND CONDITIONS ON REVERSE SIDE

（裏面約款をご覧下さい）

(2)　輸入申告書と輸入通関

　中国からの貨物が横浜港に到着した。今回の取引はコンテナ貨物となるため，船舶が入港すると貨物はコンテナヤード（C／Y）に搬入される。

　税関への輸入申告は三庫倉庫経由で行われるので，輸入通関に必要な書類（インボイス，船荷証券等）を三庫倉庫へ引き渡し，通関手続を進める。

参考

(1)　関税（従価税物品の場合）
　　課税価格（千円未満切捨）× 関税率 ＝ 関税額（百円未満切捨）

(2)　消費税（納付すべき関税額がある場合）
　　課税価格（端数処理なし）＋ 関税額（百円未満切捨）＝ 合計額
　　合計額（千円未満切捨）× 消費税率（7.8％）＝ 消費税額（百円未満切捨）

(3)　地方消費税（2.2％相当）

<＜海上関連業務＞ 輸入申告登録> をクリックすると

B/L番号を入力する画面が開きます

B/L番号／AWB番号＊	

この欄には、搬入確認番号（貨物管理番号）を入力します。

①ARRIVAL　NOTICEに、『搬入確認番号』、『NACCS No』等の記載がある場合、
→その番号をそのまま入力してください。

②ARRIVAL　NOTICEに、『搬入確認番号』、『Naccs No』等の記載がない場合、
→蔵置場ごとに決まっているSCACコード（4桁）に続けてMB/LまたはHB/L番号を入力してください。
　SCACコード（4桁）+　MB/LまたはHB/L番号
　　〇〇〇〇××××××××××××××

　　※MB/LやHB/L番号の桁数によっては、頭の1～3桁を削除している場合があります。（B/L番号が12桁を超えた場合等）
　　　例　B/L番号：　△△△123456789012

　　　　　　　　　　　　　↓

　　搬入確認番号：〇〇〇〇123456789012　　　←これを入力

　　　　　SCACコード　MB/LまたはHB/L番号の頭数桁を取ったもの

・貨物搬入先で搬入確認が出来ていない場合は、正しい番号を入力してもエラーとなります。
　（この場合、窓口電子申告端末での申告は出来ません。）

・コンテナ扱いの場合は、SCACコードは必要ありません。

・搬入確認番号が確認できない場合は、蔵置されている倉庫にお問い合わせください。

※1（大額／少額）　L：大額申告（少額申告以外）の場合

S：少額申告（関税法基本通達67−4−1（輸入少額貨物の簡易通関扱い）に規定する貨物の通関）の場合（全ての欄の課税価格が20万1,000円未満の場合）

※2（輸入者コード）　①法人番号をお持ちの方
　　法人番号（17桁）を入力してください。
　　（13桁のみ入力した場合は14〜17桁目が「0000」と自動補完されます。）
　②法人番号をお持ちでない個人の方や海外法人等の方（JASTPROコード又は税関発給コードをお持ちの場合）
　　JASTPROコード又は税関発給コードを入力してください。
　③法人番号をお持ちでない個人の方や海外法人等の方（JASTPROコード及び税関発給コードをお持ちでない場合）
　　入力の必要はありません。

※3（識別符号）　法人番号を持っている場合は輸入者コード欄に適切にコード等の入力がされていれば「1」が自動登録されます。
　法人番号を持っていない場合は「2」を入力して下さい。

※4（他法令コード）　食品衛生法、家畜伝染病予防法等の関係法令（外国為替及び外国貿易法を除く。）に係る許可・承認等がある場合は、該当法令のコードを選択又は入力して下さい。
　　例　FD：食品衛生法　　AN：家畜伝染病予防法　　PL：植物防疫法　　FM：主要食糧の需給及び価格の安定に関する法律
　　　　PA：医薬品、医療機器等の品質、有効性及び安全性の確保等に関する法律

※5（輸入承認証等）　外国為替及び外国貿易法並びにその他の法令に基づく許可・承認若しくは届出・申請又は輸入審査に際し必要な事項がある場合は、輸入承認証等識別コードを参照し、該当するコードを入力し、右の枠に「許可・承認番号等」を入力して下さい。

※6（仕入書識別）　A：インボイスの原本　B：インボイスに代わる書類（インボイスのコピー等）

※7（運賃）　A：仕入書（インボイス）の価格条件が「FOB」、「C＆I」の場合。

E：仕入書（インボイス）の価格条件が「C＆F」、「CIF」の場合で、インボイス等に記載された金額以外に課税価格に加算する運賃がある場合。

★仕入書（インボイス）の価格条件が「C＆F」、「CIF」の場合で、インボイス等に記載された金額以外に課税価格に加算する運賃がない場合は、入力不要です。

※8（保険）　・インボイス価格条件コードに「C＆I」又は「CIF」を選択した場合は、基本的に入力不要です。
　　　　　　　・インボイス価格条件コードに「FOB」又は「C＆F」を選択した場合は、対応するコードを入力してください。
　　　　　　　★保険をかけていない場合は「D」を入力して下さい。

※9（評価）　評価申告のない場合又評価申告を要しない場合には、「O」を選択して下さい。
　評価申告の要否が不明な場合には、税関職員にお尋ね下さい。その他、詳細については、評価区分コード表を参照して下さい。

※上記に例として掲げているコード以外が必要な場合はNACCS掲示板をご覧ください。

共通部　繰返部

|◀　　/25 ▶|　NACCS用コード ★1

「品名」に入力がない場合は、システムに登録されている品目番号に対応した品名が出力されますので、入力を省略することも可能です。

原産地証明書識別コード ★2

<01 欄> 品目番号 ★　63025100 1　　品名　　　　　　　　　　　　　　原産地 ★ CN ▼ - WKOR
数量1 ★3　　2□KG　NO ▼　数量2　024 -　KG ▼　輸入令別表　　　　　蔵置種別等
BPR係数 ★4　　2800.00　運賃按分　　　　　　課税価格　　　　　　　　国コード
事前教示（分類）　　　　　　　　（原産地）
関税減免税コード　　　　　　　関税減免税額

	内消税等種別	減免税コード	内消税減税額		内消税等種別	減免税コード	内消税減税額
★5	1	F4 ▼			2	▼		
	3	▼			4	▼		
	5	▼			6	▼		

<02 欄> 品目番号 ★　22042102 4　　品名　　　　　　　　　　　　　　原産地 ★ US ▼ - WKOR
数量1 ★　　202.50　L ▼　数量2　　　　　　-　　▼　輸入令別表　　　　　蔵置種別等
BPR係数　　1100.25　運賃按分　　　　　　課税価格
事前教示（分類）　　　　　　　　（原産地）
関税減免税コード　　　　　　　関税減免税額

	内消税等種別	減免税コード	内消税減税額		内消税等種別	減免税コード	内消税減税額
★6	1	L12200000 ▼			2	F4 ▼		
	3	▼			4	▼		
	5	▼			6	▼		

★1
【NACCS用コード】

実行関税率表記載のNACCS用コード（1桁）を入力してください。NACCS用コードが†となっている場合は、『NACCS用品目コード（輸入）』又は実行関税率表附表を参照してください。

ただし、・課税価格が201,000円未満の少額の場合はE
・少額合算をしている場合はX
・再輸入（内国産貨物の輸入）品の場合はY　　　を入力してください。

★2
原産地証明書識別コード

原産地証明書識別コード（4桁）（原産地（申告）種別（2桁）＋原産地証明者等区分（1桁）＋貨物の種類（1桁））を入力してください。

例　原産地（申告）種別（2桁）　WK:国定・WTO協定　GS:一般特恵　SG:日シンガポール経済連携協定（EPA）
　　　　　　　　　　　　　　TH:日タイ経済連携協定（EPA）　AS:日アセアン包括経済連携協定（EPA）　　など
原産地証明者等区分（1桁）　T:輸出国当局が発給した原産地証明（第三者証明）　E:輸出者による原産品申告書
　　　　　　　　　　　　　　P:製造者による原産品申告書　O:原産地証明書等の提出が不要な場合

貨物の種類（1桁）
【国定・WTO協定】
　G:協定原産地証明書の提出がある貨物　R:貨物、インボイス等により原産地が確認できる貨物
　※「原産地証明書識別」欄に「R」を入力した場合は、「WKOR（WTO協定税率適用）」にシステム内部で自動的に変換されます。

【一般特恵（GSP）】
　P:自国関与品（暫定令第26条第2項該当）以外で、かつ、累積（暫定令第26条第3項）非適用の貨物　（＝特恵用原産地証明書添付）
　T:少額扱い貨物
　C:税関長が貨物の種類又は形状によりその原産地が明らかであると認めた貨物

【EPA】
　4:EPAに基づく原産地証明書（又は原産品申告書）の提出がある貨物
　5:少額扱い貨物

★3（数量）
実行関税率表の単位に対応する数量を入力して下さい。
※少額通関（上記★1で「E」を入力した場合）など統計計上が不要な貨物は以下の場合を除いて入力不要です。
　イ　内国消費税（消費税を除く）の課税又は免税の物品
　ロ　従量税率又は選択税率が適用される品目
　ハ　再輸入（内国産貨物の輸入）品

★4（BPR係数）
輸入申告が複数欄にわたる場合で、各欄の申告価格を価格按分により算出する場合は、価格按分するための当該欄の価格（当該欄のインボイス価格等）を入力して下さい。

★5 内消税等種別
消費税が免税される場合を除き、消費税用のコード「F3」（軽減税率）又は「F4」（標準税率）を選択して下さい。

★6 内消税等種別
酒税、たばこ税、石油石炭税等の内国消費税、不当廉売関税等の特殊関税が課される場合は、該当するコードを入力して下さい。

※上記に例として掲げているコード以外が必要な場合はNACCS掲示板をご覧ください。

（出所）　税関ホームページ

4．輸入の継続的基本契約書の作成

Import Agreement
（輸入契約書）

This Agreement entered into this XX day of May, 20XX by and between:
Bon Marché S.A., a corporation duly organized and existing under the law of France and having its principal office of business at _____, FRANCE (hereinafter called "BMS")
and:
Japan Trading Co., Ltd., a corporation duly organized and existing under the law of Japan and having its principal office business at _____, Osaka, JAPAN (hereinafter called "JPT")

本契約は，20XX 年 5 月 XX 日，フランス法に基づいて設立され現存する法人で，その主たる営業所をフランス国_____に有する Bon Marché S.A.（本契約中にて以下「BMS」と称する）と，日本法に基づいて設立され現存する法人で，その主たる営業所を日本国大阪府_____に有する日本商事株式会社（本契約中にて以下「JPT」と称する）との間で締結され，

WITNESSETH THAT:

以下のことを証明する。

It is agreed between the parties hereto as follows:

上記両当事者で次のとおり合意する。

Article 1．Products

第4章 輸 入

"Products" shall mean all types and models of environmental equipments and those attachments, parts and accessories manufactured and sold by BMS during the life of this Agreement.

第１条　契約品

「契約品」は，本契約期間中に BMS が製造・販売するすべての様式および型式の環境機器ならびにその取付品，部品および付属品を意味するものとする。

Article 2.　Individual Contract

Each individual contract under this Agreement shall be subject to this Agreement. Unless otherwise agreed, relevant provisions in this Agreement shall be applicable to each individual contract to be made hereunder between the parties. Each individual contract shall be concluded formally pursuant to the terms and conditions of JPT's Purchase Note, unless the parties agree otherwise.

第２条　個々の契約

本契約に基づく各個々の契約は，本契約に従うものとする。別途合意がない限り，本契約中の関連する規定は，本契約に基づき当事者間に作成される各個々の契約に適用されるものとする。各個々の契約は，当事者が別途合意しない限り，JPT の買契約書の諸条件に従って正式に締結されるものとする。

Article 3.　Delivery

Unless otherwise agreed, BMS shall deliver Products purchased by JPT to JPT at consignment stock place (JAPAN) or at such other place in Territory as BMS and JPT may from time to time agree.

第３条　引渡し

他の別段の合意がない限り，BMS は，JPT が購入する契約品を，JPT 宛に委託在庫地（日本）で引き渡すか，または BMS および JPT が随時合意する契約

地域内の他の場所で引き渡すものとする。

Article 4.　Price and Terms of Sale

The price and terms of sale of Products shall be mutually agreed upon in writing by the parties. The price and terms may be changed only by the mutual written agreement of the parties.

第4条　　価格および販売条件

契約品の販売価格および条件は，当事者により書面で相互に合意されるものとする。価格および条件は，当事者相互の書面での合意によってのみ変更することができるものとする。

Article 5.　Payment

Each payment shall be made by JPT by a telegraphic transfer in favour of BMS within fourteen (14) days after the delivery of the stock (JAPAN).

第5条　　支払い

各支払いは，BMS を受取人として在庫納入（日本）後14日以内の電信送金で JPT により行われるものとする。

Article 6.　Warranty

1．BMS shall deliver Products which are of the quantity, quality and description required by this Agreement and which are contained or packaged in the manner required by this Agreement.
2．Except where the parties have agreed otherwise, Products do not conform with this Agreement unless they:
　(a)　are fit for the purposes for which Products of the same description would ordinarily be used;

(b)　are fit for any particular purpose expressly or impliedly made known to BMS at the time of the conclusion of this Agreement, except where the circumstances show that JPT did not rely, or that it was unreasonable for JPT to rely, on BMS's skill and judgment;

(c)　possess the qualities of Products which BMS has held out to JPT as a sample or model;

(d)　are contained or packaged in the manner usual for such Products or, where there is no such manner, in a manner adequate to preserve and protect Products.

3．A breach of this Article committed by BMS is fundamental if it results in such detriment to JPT as substantially to deprive JPT of what JPT is entitled to expect under this Agreement, unless BMS in breach did not foresee and a reasonable person of the same kind in the same circumstances would not have foreseen such a result.

第6条　　保証

1．BMS は，契約に定める数量，品質および種類に適合し，かつ，契約に定める方法で収納され，または包装された契約品を引き渡さなければならない。

2．当事者が別段の合意をした場合を除くほか，契約品は，次の要件を満たさない限り，契約に適合しないものとする。

(a)　同種の契約品が通常使用されるであろう目的に適したものであること。

(b)　契約の締結時に BMS に対して明示的または黙示的に知らされていた特定の目的に適したものであること。但し，状況からみて JPT が BMS の技能および判断に依存せず，または依存することが不合理であった場合は，この限りではない。

(c)　BMS が JPT に対して見本またはひな形として示した契約品と同じ品質を有するものであること。

(d)　同種の契約品にとって通常の方法により，またはこのような方法がない場合にはその契約品の保存および保護に適した方法により，収納され，または包装されていること。

3．BMS が行った本条項違反は，JPT がその契約に基づいて期待することができたものを実質的に奪うような不利益を JPT に生じさせる場合には，重大なものとする。ただし，違反を行った BMS がそのような結果を予見せず，

かつ，同様の状況の下において BMS と同種の合理的な者がそのような結果を予見しなかったであろう場合は，この限りではない。

Article 7.　Indemnity

In case the warranty of Products shipped to JPT turns out not to meet the above requirements of the warranty, JPT can claim the replacement against those inferior Products at no charge including transportation cost and accordingly BMS shall accept this claim from JPT and shall bear all the proved damages which JPT will have incurred.

第7条　　補償

JPT へ船積みされた契約品の保証が，上記保証条件に合致しないことが判明した場合，JPT は，それら劣質の契約品の取替えを，輸送費を含め無償にて請求することができ，したがって，BMS は，JPT からの請求を受諾し，JPT が被ったすべての立証された損害を負担するものとする。

Article 8.　Product Liability

BMS shall bear the product liability arising from Products which shipped to JPT, except that the product liability arises from the responsibility of JPT in connection with its transportation or storage of Products. BMS shall consult with JPT for the product liability matter and JPT shall cooperate with the BMS thereto.

第8条　　製造物責任

BMS は JPT に出荷された契約品から生じる製造物責任を有する。但し，製造物責任が契約品の運搬または保管に関連して JPT の責任から生じる場合は除外する。BMS は，製造物責任について JPT と協議し，JPT はこれらについて BMS と協力する。

Article 9.　Trademarks

JPT may register BMS's Trademarks under the name of JPT and use the same for the sale and sales promotion of Products.

第9条　　商標

JPT は，契約品の販売や販売促進につき BMS の商標を JPT の名で登録し，使用することができる。

Article 10.　Specification

BMS shall provide, before or on the shipment of each Product, JPT with the written specification, the contents of which BMS and JPT agree to.

第10条　　仕様

BMS は，各契約品の出荷前または出荷時に JPT に対して，BMS および JPT が合意した，各契約品の仕様を書面により提供しなければならない。

Article 11.　Business Confidence

The parties hereto shall keep in strict confidence from any third party and all important matters concerning the business affairs and transactions covered by this Agreement.

第11条　　営業秘密

本契約当事者は，第三者から，本契約の適用を受ける営業上の問題および取引に関係するすべての重要な事項を秘密にとどめておくものとする。

Article 12.　Sufficient Stock

BMS shall keep the sufficient stock of Products so as to immediately satisfy the demands of JPT.

第12条　　十分な在庫

BMS は，JPT の需要を直ちに満たすよう，契約品の十分な在庫を維持するものとする。

Article 13.　Duration

This Agreement shall come into force on the date first above written subject to the signing of both BMS and JPT and unless earlier terminated, remain in force for a period of three (3) years and shall be automatically renewed and continued on a year to year basis unless the parties agree to terminate this Agreement at least three 　(3) months before the expiration of the original term or any such extension of this Agreement.

第13条　　契約期間

本契約は，BMS と JPT の両者による署名を条件に冒頭日に発効し，早期に終了されない限り 3 年間有効であるものとし，両当事者が本契約の原期間または延長の満了の少なくとも 3 カ月前に本契約の終了について合意しない限り， 1 年ごとに自動的に更新され，継続されるものとする。

Article 14.　Termination of Agreement

In the event that either party fails to perform any obligation hereunder or otherwise commits any breach of this Agreement, the other party may terminate this Agreement by giving to the party in default a written notice, which shall become effective thirty (30) days after the said notice has duly been delivered to the party in default, unless the failure or breach is corrected within said thirty (30) days period.

第14条　　契約の終了

いずれかの当事者が，本契約に基づく義務の履行を怠るかまたはその他の本契約違反を犯した場合，相手方当事者は，不履行または違反が30日の期間内に矯

正されない限り，書面通知（その通知が債務不履行の当事者に正当に交付され
てから30日後に発効するものとする）を債務不履行の当事者に出すことにより，
本契約を終了することができる。

Article 15.　Remedies

1．If BMS fails to perform any of the obligations except Article 6
　and 7 under this Agreement, JPT may:
　(a) exercise the rights provided in Articles 46 to 52 of the United
　Nations Convention on Contracts for the International Sale of
　Goods (hereinafter referred to as "CISG") ;
　(b) claim damages as provided in Articles 74 to 77 of CISG.
2．JPT is not deprived of any right JPT may have to claim damages
　by exercising JPT right to other remedies.

第15条　　救済

1．JPT は，BMS が本契約の第 6 条および第 7 条を除いて，契約の規定に基
　づく義務を履行しない場合には，次のことを行うことができる。
　(a)　国際物品売買契約に関する国際連合条約（本契約中にて以下「CISG」
　と称する）の第46条から第52条までに規定する権利を行使すること。
　(b)　CISG の第74条から第77条までの規定に従って損害賠償の請求をする
　こと。
2．JPT は，損害賠償の請求をする権利を，その他の救済を求める権利の行使
　によって奪われない。

参考：「国際物品売買契約に関する国際連合条約（CISG）」の主な条項・項目
　第46条　売主に対する義務履行請求／代替品引渡請求／瑕疵修補請求
　第47条　催告
　第48条　売主の義務履行の追完
　第49条　契約解除（重大な契約違反による解除と催告による解除）
　第50条　代金減額請求
　第51条　一部履行に対する対応
　第52条　期日前の履行／超過履行
　第74条〜第77条　損害賠償

Article 16.　Notice

Any notice required to be sent to the other party under this Agreement shall be given in writing by e-mail.

第16条　　通知

本契約に基づき相手方当事者に送付することを要求される通知は，Ｅメールにより書面で出されるものとする。

Article 17.　Arbitration

All disputes, controversies or differences which may arise between the parties hereto, out of, in relation to or in connection with this Agreement, shall be finally settled by arbitration in Osaka, Japan in accordance with the Commercial Arbitration Rules of the Japan Commercial Arbitration Association. The award rendered by arbitrator (s) shall be final and binding upon both parties.

第17条　　仲裁

本契約当事者間で本契約から，関して若しくは関連して生じるすべての紛争，論争または意見の相違は，日本商事仲裁協会の商事仲裁規則に従い，日本国大阪で仲裁により最終的に解決されるものとする。仲裁人の下した仲裁判断は，最終的であり，両当事者を拘束するものとする。

Article 18.　Force Majeure

Neither party shall be responsible for any failure or delay in the performance of any obligation imposed upon it hereunder, not shall such failure or delay be deemed to be a breach of this Agreement if such failure or delay is due to circumstances of any nature whatsoever which are not within its immediate control and are not preventable by reasonable diligence on its part.

第18条　　不可抗力

いずれの当事者も，本契約に基づき当事者に課された義務の不履行または履行遅滞が当事者の直接の制禦内になく，当事者側の相当の注意によって回避できない何らかの性質の事情による場合，当該不履行または遅滞の責任を負わないものとし，当該不履行または遅滞は，本契約の違反とみなされないものとする。

Article 19.　Assignability

This Agreement, including all rights and obligations, in whole or in part, shall not be assigned to any third parties without the prior written consent of BMS and JPT.

第19条　　譲渡可能性

本契約は，すべての権利および義務を含め，全部または一部を問わず，BMS と JPT の書面による事前の合意なくしては，いかなる第三者にも譲渡されないものとする。

Article 20.　Trade Terms and Governing Law

The trade terms under this Agreement shall be governed and interpreted by the provisions of the latest International Commercial Terms, the year 2020 edition (INCOTERMS). This Agreement shall be governed as to all matters, including validity, construction and performance, by and under CISG, and to the extent that such matters are not covered by CISG, by reference to the law of Japan.

第20条　　貿易条件および準拠法

本契約における貿易条件は，最新の国際貿易条件基準2020年版（インコタームズ）の規定によって支配され，解決されるものとする。
本契約は，効力，解釈および履行を含むすべての事項について，CISG に準拠することとなるが，それでもカバーできない事項については，日本国法によって支配されるものとする。

Article 21.　Entire Agreement

This Agreement constitutes the entire and only agreement between the parties hereto relating to distributorship of Products and no modification, change, and amendment of this Agreement shall be binding upon both BMS and JPT except by the mutual express consent in writing of subsequent date signed by authorized officer or representative of each of the parties hereto.

第21条　　完全なる合意

本契約は，契約品の販売権に関して，本契約当事者間の完全かつ唯一の合意を構成し，本契約各当事者の授権された役員または代表が本契約日後の日付に署名した書面の相互の明示的な合意による場合を除いて，本契約の修正，変更，改訂は，BMS と JPT を拘束しないものとする。

IN WITNESS WHEREOF, the parties have caused their authorized representatives to execute this Agreement on the date first above written.

上記の証拠として，本契約当事者は，冒頭に記載の日付で，その授権された代表者により，本契約書に署名させた。

BMS:　Bon Marché S.A.

_____

JPT:　Japan Trading Co., Ltd.

_____

三国間貿易の
完全解説

第 5 章

三国間貿易

1．三国間貿易とは何か

　通常の貿易では，売主が輸出者となって貨物を荷送ることで，買主は輸入者となってその貨物を荷受けする。そして，買主が直接，その売主に貨物代金を支払う。

　しかし，経済のグローバル化により，次の図のように貨物の荷送人Yが第三国に居住する仲介者Xの指示で，その貨物を輸出し，またその一方で貨物の荷受人Zは，仲介者Xの指示に基づいて輸入するという国際取引形態がある。このように，一定の理由によって，異なる外国相互間における商品の移動をともなう国際売買に関して，第三国の別の当事者が仲介する取引（売契約と買契約の間に第三者が介在して，それぞれの契約の当事者となる）を三国間貿易において，とりわけ「仲介貿易」と呼ぶ。

●仲介貿易●

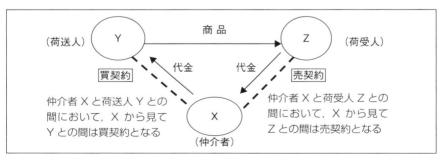

171

　また，異なる外国相互間における商品の移動をともなう国際売買をお互いに
直接に行うが，契約成立に至るまで，第三国の別の当事者が代理店的役割（第
三者は売買契約の当事者にはならず，売主または／および買主の代理人として
契約締結に向けた商活動を行う）をする三国間取引もある。

　しかし，この取引は，「仲介貿易」とは呼ばないので注意が必要である（本
書では，「三国間取引代理」と呼ぶ）。

●三国間取引代理●

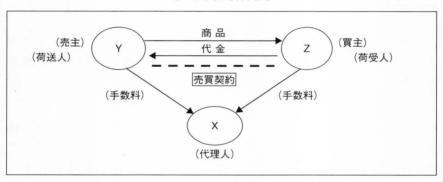

２．仲介貿易の法的規制

　日本では，原則として仲介貿易を行うことは自由である。しかし，「外国為
替及び外国貿易法」（"外為法" と呼ぶ）に基づく，輸出貿易管理令別表第1に
掲げる貨物および国・地域を目的とする取引の場合は，経済産業大臣の事前許
可取得が必要となるので注意を要する。

　また外為法第25条4項とその関連規則により，貿易取引の対象が単なる売買
だけではなく，贈与や賃借にまでその規制が及ぶことも知っておかなければな
らない。

3．仲介貿易を行う理由

なぜ貿易取引を行ううえで，三国間取引を選択するのかいくつかの事例を示す。

(1)　仲介者の利益確保

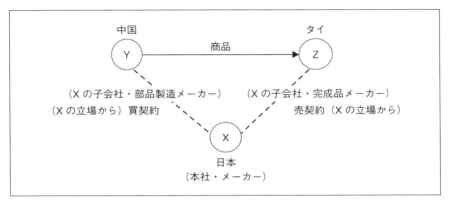

最近の貿易投資相談でよくみかける仲介貿易形式である。

日本企業X社は，中国に子会社Y社（部品製造工場），タイにも子会社Z社（組み立ておよび完成）がある。

本来ならば，Y社とZ社との直接二国間貿易のみで良いところ，最近の日本市場の不況等により，本社X社の売上および利益が収縮していることから，その日本国内商売のマイナスをカバーするために，本社X社がY社とZ社との間の取引を仲介貿易としているケースである。

この場合のX社における注意点は，XY間とXZ間の各々の契約における代金決済の通貨について，為替リスクを回避するため，両契約ともに同じ通貨とするなど考える必要がある。

(2)　事業の更なる国際化への対策（ただし移転価格税制に要注意）

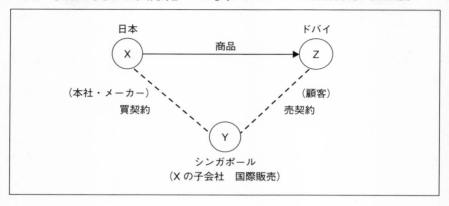

　今後，世界経済のグローバル化の中で，日本の大企業だけでなく，中小企業も開発研究・製造・販売の拠点をますます海外に移転させることになるであろう。

　上の例で，日本のX社は従来，商品を中近東のドバイ企業Z社に直接輸出してきた。しかし，最近の国際事情から，現地ローカルスタッフに英語でのコミュニケーションや国際交渉を任せるべく，シンガポールに子会社Y社を設立した。

　毎年ドバイのZ社は，日本企業X社に対して一定率の値引きを要求している。子会社Yでは，ローカルスタッフの給与等は，Y社での売上・利益に連動するシステムになっているため，現地ローカルスタッフは粘り強く客先と交渉する。X社は，シンガポールにY社を設立することで，Z社との国際取引交渉をY社に任せ，重要な技術開発を日本で行うこととした。

　現在，日本のX社では，新たな工場の建設を東南アジア（ASEAN）域内に設立する予定をしており，来年からはアセアン諸国内で製造された商品をシンガポールのY社が仲介して，ドバイのZ社に販売する予定である。

　この事案で重要なことは，日本のX社として子会社Yに対する価格がX社と関係のない独立企業間取引の価格よりも不合理に低い価格で取引された場合，移転価格と判断されるおそれがあるので，十分に注意が必要である。

(3)　商品の製造場所分散による国際調達の多様化

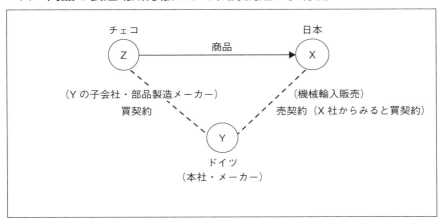

　この事例では，従来日本のX社は，ドイツのY社から機械の完成品を直接輸入してきたが，Y社では完成品の組み立てのみを行っており，Y社の子会社Z社（チェコのプラハ郊外にある）が機械の重要部品を製造している。

　X社はY社に対して機械の重要部品の注文をしたところ，いつものようにX社とY社との売買契約は行うが，部品の発送は直接Z社からX社に実施されるとの連絡があった。

　このように，ドイツ企業Y社は，ドイツ国内での人件費高騰や，為替変動・自然災害等のリスク分散のために，製造をドイツ一国に集中させることなく，他のヨーロッパ諸国に工場を設立している。

　現在のEU諸国の中でもドイツ企業の躍進が目立つが，多くのドイツ企業がこのように仲介貿易を利用していることに注目すべきである。

(4)　従来型商社活動による商品調達のグローバル化

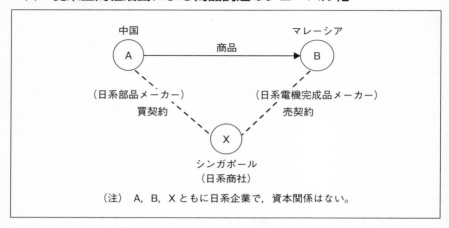

（注）　A，B，Xともに日系企業で，資本関係はない。

　上記のとおり，A，B，Xともにすべて日系企業である。しかし，A，B，Xにはそれぞれ資本関係はなく，全くの独立法人である。

　X社は，B社が完成品製造に必要な部品を世界各地に情報網を持っていることから，B社からの注文を受け取って，必要部品を各国から調達してくる（ただし，事前のB社によるA社部品の技術承認が前提である）。

　この事例では，中国の日系部品メーカーA社が該当部品を製造していることから，X社はA社との間で買契約を締結し，X－Bにおいては売契約を結ぶ仲介貿易を行っている。

　従来から，日本の商社は，日系メーカーが海外生産するのに必要な部品・材料を世界各地から調達して，日系メーカーの国際化を推進してきた一面があるといえる。

　これからは，商社だけでなく，メーカーの国際ビジネス戦略に仲介貿易が利用されることとなる。

4．仲介貿易における各当事者の基本実務作業

●仲介貿易における三当事者●

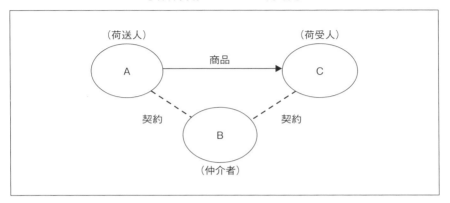

(1)　荷送人

① 　Aが商品を出荷する荷送人となる場合に，荷受けすべきCの情報は通常仲介者Bのコントロール下にある。

　　そこで，Aにとってまず重要なことは，Bから入手する情報として，Cに対する出荷すべき商品と数量および仕向地の確認情報である。

② 　Aが自らインボイス（仕入書）やパッキングリスト（梱包明細書）等を作成して税関への輸出申告手続を行い，輸出許可を税関長から取得する。そして船舶等への積込みが開始され，船積みが終了すると，（AB間の契約の支払条件が電信送金なら）Aは船積書類の内容・部数を揃えて，原則としてその船積書類を郵送等でBに対して送付する（必要に応じて，AはBに対して必要な船積書類コピーをPDFやFAXで送付する）。

(2)　仲介者

① 　Bが仲介者となる場合は，Aからの船積書類のうち，特にインボイスは

別途Ｂにて作成する。そしてＢはＣが荷受人として輸入通関することを迅速に行えるように，その他の船積書類とともにＣの手元に届ける必要がある。

　つまり，Ｂは，ＡのインボイスをＢの管理下に置いて留め置くとともに，Ｂにて新たに作成したインボイスをＣに送ることとする。これを一般に三国間取引における仲介者での"インボイス切り換え（リインボイス）"と呼ぶことがある。

②　ＢはＣが直接Ａとコンタクトするのを控えてもらうようにする。そこで，Ｂは仲介者として，Ｂ−Ａ間においては（Ｂからみて）買契約，Ｂ−Ｃ間においては（Ｂからみて）売契約を各々に締結することとなる。

　なお，契約締結後，Ａの荷送り（船積み）からＣの荷受けに関して，Ａ，Ｂ，Ｃ各々の国の祝祭日等の違いから，トラブルが発生しないよう，仲介者のＢは注意する必要がある。

(3)　荷受人

①　荷受人のＣは，荷送人からの船積み実施（船積場所・日時・船名や運送機関の登録記号・貨物到着予定地と予定日等）をしっかりと仲介者Ｂ経由の情報で確認が必要である。

②　Ｃの船舶による荷受けの際には，原則として船荷証券（Ｂ／Ｌ）の正本を事前に入手する。（もしＢ／Ｌの正本が事前に入手できない場合は，船会社や物流会社（Forwarder）とよく打ち合わせをして，保証状（Letter of Guarantee：Ｌ／Ｇ）やサレンダーによる貨物の荷受けを検討する）そして，荷受人Ｃは船会社から貨物の荷受け後，Ｃ側の税関において輸入通関手続を行う。このＣにおける輸入通関手続において，輸入申告に必要な情報を"Ｂ（仲介者）が作成したインボイス（Ｂによるリインボイス）やパッキングリスト"から得ることになる。

(5)　仲介者の書類作成等演習

■問題1　①～⑤を埋めて日本貿易株式会社が PUMIPON INDUSTRY Co., Ltd. に対して発行した買契約書を完成させよ。

PURCHASE CONTRACT（買契約書）

SELLER: （売手・住所） ①	CONTRACT DATE: （契約日）Aug. 18, 20XX	CONTRACT NO.: （契約番号）JPN-P-0123
	ORDER NO.: （注文番号）JTC-ORDR-0123	

DESCRIPTION （商品名）	QUANTITY （数量）	UNIT PRICE （単価）	TOTAL AMOUNT （総額）
DELIVERY TERMS: ② （受渡条件）			
PRESSING MACHINE ITEM　PMPN-965	5 sets	US$10,000/set	US$50,000.-
TOTAL: （合計）　②			US$50,000.-

TRANSSHIPMENT:　　　（積替え）　Not allowed
PARTIAL SHIPMENT:　　（分割船積）Not allowed
TIME OF SHIPMENT:　　（船積時期）By the end of Sep.,20XX
PORT OF LOADING:　　（積荷港）Bangkok, Thailand
PORT OF DESTINATION:（仕向港）San Francisco, U.S.A.
PACKING:　　（梱包）　Export Standard Packing
PAYMENT:　　（支払い）T/T remittance at 90 days after B/L date
INSURANCE:　　（保険）Done by Importer in U.S.A.
INSPECTION:　　（検査）Done by Exporter in Thailand
OTHER TERMS AND CONDITIONS:　（その他条件）

MARKING:（荷印）

SL

P　M
PMPN-965
Destination: SF, U.S.A.
Made in Thailand
1-Up

Subject to general terms and conditions set forth in back.
（裏面の一般的取引条件によるものとする）

ACCEPTED BY:
①　　　　　　　　　　　　　　　　③

_____(Seller)　　　_____(Buyer)
④（担当者）　　　　　　（売手）　　　⑤（担当者）　　　　　（買手）
On　　（日付）

Please sign and return one copy.
（署名後一部返送して下さい）
SEE TERMS AND CONDITIONS ON REVERSE SIDE
（裏面約款を御覧下さい）

■解答

PURCHASE CONTRACT（買契約書）

SELLER: （売手） ①PUMIPON INDUSTRY Co., Ltd. 56, Emperor road, Bangkok, Thailand	CONTRACT DATE: （契約日）Aug. 18, 20XX	CONTRACT NO.: （契約番号）JPN-P-0123
	ORDER NO.: （注文番号）JTC-ORDR-0123	

DESCRIPTION （商品名）	QUANTITY （数量）	UNIT PRICE （単価）	TOTAL AMOUNT （総額）
DELIVERY TERMS: ②CPT San Francisco by Sea （受渡条件）			
PRESSING MACHINE ITEM　PMPN-965	5 sets	US$10,000/set	US$50,000.-
TOTAL: （合計）　②CPT San Francisco by Sea			US$50,000.-

TRANSSHIPMENT:　　　（積替え）　Not allowed
PARTIAL SHIPMENT:　　（分割船積）Not allowed
TIME OF SHIPMENT:　　（船積時期）By the end of Sep.,20XX
PORT OF LOADING:　　（積荷港）Bangkok, Thailand
PORT OF DESTINATION:（仕向港）San Francisco, U.S.A.
PACKING:　　（梱包）　Export Standard Packing
PAYMENT:　　（支払い）T/T remittance at 90 days after B/L date
INSURANCE:　（保険）Done by Importer in U.S.A.
INSPECTION:　（検査）Done by Exporter in Thailand
OTHER TERMS AND CONDITIONS:　（その他条件）

MARKING:（荷印）

SL
P　M
PMPN-965
Destination: SF, U.S.A.
Made in Thailand
1-Up

Subject to general terms and conditions set forth in back.
（裏面の一般的取引条件によるものとする）

ACCEPTED BY:
①PUMIPON INDUSTRY Co., Ltd.　　　　③JAPAN TRADING CORPORATION

④A. PUMIPON, Director　（Seller）（売手）　　⑤I. SUZUKI, Manager　（Buyer）（買手）
On　（日付）

Please sign and return one copy.
（署名後一部返送して下さい）
SEE TERMS AND CONDITIONS ON REVERSE SIDE
（裏面約款を御覧下さい）

第6章　仲介貿易取引事例演習

■問題2　①～⑤を埋めて日本貿易株式会社が STAR LINK Inc. に対して発行した売契約書を完成させよ。

SALES CONTRACT（売契約書）

BUYER: （買手） ①	CONTRACT DATE: （契約日）Aug. 18,20XX	CONTRACT NO.: （契約番号）JPN-S-0123
	ORDER NO.: （注文番号）CH-SAR-011	

DESCRIPTION （商品名）	QUANTITY （数量）	UNIT PRICE （単価）	TOTAL AMOUNT （総額）
	DELIVERY TERMS:　②		
PRESSING MACHINE ITEM PMPN-965	5 sets	US$11,000/set	US$55,000.-
TOTAL: （合計）			US$55,000.-

TRANSSHIPMENT:	（積替え）	Not allowed	MARKING:
PARTIAL SHIPMENT:	（分割船積）	Not allowed	
TIME OF SHIPMENT:	（船積時期）	By the end of September, 20XX	
PORT OF LOADING:	（積荷港）	Bangkok, Thailand	SL
PORT OF DESTINATION:	（仕向港）	San Francisco, U.S.A.	P M
PACKING:	（梱包）	Export Standard Packing	PMPN-965
PAYMENT:	（支払い）	T/T remittance at 60 days after B/L date	Destination: SF, U.S.A. Made in Thailand 1-Up

OTHER TERMS AND CONDITIONS:（その他条件）

Subject to general terms and conditions set forth in back.
（裏面の一般的取引条件によるものとする）

ACCEPTED BY:

①　　　　　　　　　　　　　　　　③

_____（Buyer）　_____（Seller）
④　（担当者）　　　　　　（買手）　⑤　（担当者）　　　　　　（売手）

On　　　（日付）_____

Please sign and return one copy.
（署名後一部返送して下さい）
SEE TERMS AND CONDITIONS ON REVERSE SIDE
（裏面約款を御覧下さい）

■解答

SALES CONTRACT（売契約書）

BUYER: （買手） **①STAR LINK Inc.** **20 Harrison street** **San Francisco,** **California, U.S.A.**	CONTRACT DATE: （契約日）Aug. 18,20XX ORDER NO.: （注文番号）CH-SAR-011	CONTRACT NO.: （契約番号）JPN-S-0123

DESCRIPTION （商品名）	QUANTITY （数量）	UNIT PRICE （単価）	TOTAL AMOUNT （総額）
	DELIVERY TERMS:	**②CPT San Francisco by Sea**	
PRESSING MACHINE ITEM PMPN-965	5 sets	US$11,000/set	US$55,000.-
TOTAL: （合計）			US$55,000.-

			MARKING:
TRANSSHIPMENT:	（積替え）	Not allowed	
PARTIAL SHIPMENT:	（分割船積）	Not allowed	
TIME OF SHIPMENT:	（船積時期）	By the end of September, 20XX	SL
PORT OF LOADING:	（積荷港）	Bangkok, Thailand	
PORT OF DESTINATION:	（仕向港）	San Francisco, U.S.A.	P M
PACKING:	（梱包）	Export Standard Packing	PMPN-965
PAYMENT:	（支払い）	T/T remittance at 60 days after B/L date	Destination: SF, U.S.A. Made in Thailand 1-Up

OTHER TERMS AND CONDITIONS:（その他条件）

Subject to general terms and conditions set forth in back.
（裏面の一般的取引条件によるものとする）

ACCEPTED BY:
①STAR LINK Inc.　　　　　　　　　　**③JAPAN TRADING CORPORATION**

_____(Buyer)　　_____(Seller)
④Andrew Williams, Import Manager（買手）　**⑤I. Suzuki, Manager**　（売手）

On _____（日付）_____

Please sign and return one copy.
（署名後一部返送して下さい）
SEE TERMS AND CONDITIONS ON REVERSE SIDE
（裏面約款を御覧下さい）

(3)　契約書の作成

■問題1　①～③を埋めて支払条件Ｔ／Ｔの場合，東京貿易株式会社が PUMIPON INDUSTRY Co., Ltd. に対して発行した買契約書を作成せよ。

PURCHASE CONTRACT（買契約書）

SELLER: （売手・住所省略） ①	CONTRACT DATE: （契約日）Aug. 18, 20XX	CONTRACT NO.: （契約番号）JPN-P-0123
	ORDER NO.: （注文番号）JTC-ORDR-0123	

DESCRIPTION （商品名）	QUANTITY （数量）	UNIT PRICE （単価）	TOTAL AMOUNT （総額）
	DELIVERY TERMS: ② （受渡条件）		
PRESSING MACHINE 　ITEM　PMPN-965	5 sets	YEN1,000,000/set	YEN5,000,000.-

	TOTAL: （合計）		YEN5,000,000.-

TRANSSHIPMENT:　　　（積替え）Not allowed
PARTIAL SHIPMENT:　　（分割船積）Not allowed
TIME OF SHIPMENT:　　（船積時期）By the end of Sep.,20XX
PORT OF LOADING:　　（積荷港）Bangkok, Thailand
PORT OF DESTINATION:（仕向港）San Francisco, U.S.A.
PACKING:　　　　　　（梱包）Export Standard Packing
PAYMENT:　　（支払い）T/T remittance at 90 days after B/L date
INSURANCE:　　（保険）Done by Importer in U.S.A.
INSPECTION:　　（検査）Done by Exporter in Thailand
OTHER TERMS AND CONDITIONS:　（その他条件）

MARKING:（荷印）

SL

P　M
PMPN-965
Destination: SF, U.S.A.
Made in Thailand
1-Up

Subject to general terms and conditions set forth in back.
（裏面の一般的取引条件によるものとする）

ACCEPTED BY:
①　　　　　　　　　　　　　　　　　　③

_____（Seller）　　　_____（Buyer）
　　　　　　　　　　　（売手）　　　　　　　　　　　　　　　　（買手）
On（日付）_____

Please sign and return one copy.
（署名後一部返送して下さい）
SEE TERMS AND CONDITIONS ON REVERSE SIDE
（裏面約款を御覧下さい）

■解答

PURCHASE CONTRACT （買契約書）

SELLER: （売手・住所省略） ① PUMIPON INDUSTRY Co., Ltd.	CONTRACT DATE: （契約日）Aug. 18, 20XX ORDER NO.: （注文番号）JTC-ORDR-0123	CONTRACT NO.: （契約番号）JPN-P-0123

DESCRIPTION （商品名）	QUANTITY （数量）	UNIT PRICE （単価）	TOTAL AMOUNT （総額）
	DELIVERY TERMS: ② （受渡条件）	CPT San Francisco by Sea	
PRESSING MACHINE ITEM　PMPN-965	5 sets	YEN1,000,000/set	YEN5,000,000.-
TOTAL: （合計）			YEN5,000,000.-

TRANSSHIPMENT:　　　（積替え）　Not allowed

PARTIAL SHIPMENT:　（分割船積）Not allowed

TIME OF SHIPMENT:　（船積時期）By the end of Sep.,20XX

PORT OF LOADING:　（積荷港）Bangkok, Thailand

PORT OF DESTINATION:（仕向港）San Francisco, U.S.A.

PACKING:　　（梱包）　Export Standard Packing

PAYMENT:　　（支払い）T/T remittance at 90 days after B/L date

INSURANCE:　（保険）Done by Importer in U.S.A.

INSPECTION:　（検査）Done by Exporter in Thailand

OTHER TERMS AND CONDITIONS:　（その他条件）

MARKING: （荷印）

SL

P　M
PMPN-965
Destination: SF, U.S.A.
Made in Thailand
1-Up

Subject to general terms and conditions set forth in back.
（裏面の一般的取引条件によるものとする）

ACCEPTED BY:

① PUMIPON INDUSTRY Co., Ltd.

③ TOKYO TRADING CORPORATION

_____(Seller)
（売手）

On（日付）

_____(Buyer)
（買手）

Please sign and return one copy.
（署名後一部返送して下さい）
SEE TERMS AND CONDITIONS ON REVERSE SIDE
（裏面約款を御覧下さい）

第6章　仲介貿易取引事例演習

　以下は，大阪貿易株式会社が東京貿易株式会社に対して発行した注文書である。

　　　　　　　　　　　　　　　　　　　　　２０ＸＸ年８月１８日

注　文　書

東京貿易株式会社　殿

　　　　　　　　　　　　　　　　　　　大阪貿易株式会社

　　　　　　　　　　　　　　　　　　　代表取締役　鈴木一郎

商　品　名：圧縮機（PRESSEING MACHINE）品番 PMPN−965

単　　　価：金 1,040,000 円（CPT San Francisco）

数　　　量：5セット

総　　　額：金 5,200,000 円（CPT San Francisco）

船　　　積：タイ王国、バンコク港

支 払 条 件：弊社の外国顧客から商品代金入金後、１４日以内の銀行振込み

　（以下略）

■問題２　①〜③を埋めて大阪貿易株式会社が STAR LINK Inc. に対して作成した売契約書を完成させよ。

SALES CONTRACT（売契約書）

BUYER: （買手） ①	CONTRACT DATE: （契約日）Aug. 18,20XX ORDER NO.: （注文番号）CH-SAR-011	CONTRACT NO.: （契約番号）JPN-S-0123

DESCRIPTION （商品名）	QUANTITY （数量）	UNIT PRICE （単価）	TOTAL AMOUNT （総額）
		DELIVERY TERMS:　②	
PRESSING MACHINE ITEM PMPN-965	5 sets	YEN1,100,000/set	YEN5,500,000.-
TOTAL: （合計）			YEN5,500,000.-

TRANSSHIPMENT:	（積替え）	Not allowed
PARTIAL SHIPMENT:	（分割船積）	Not allowed
TIME OF SHIPMENT:	（船積時期）	By the end of September, 20XX
PORT OF LOADING:	（積荷港）	Bangkok, Thailand
PORT OF DESTINATION:	（仕向港）	San Francisco, U.S.A.
PACKING:	（梱包）	Export Standard Packing
PAYMENT:	（支払い）	T/T remittance at 60 days after B/L date

MARKING:

◇ SL

P　M
PMPN-965
Destination: SF, U.S.A.
Made in Thailand
1-Up

OTHER TERMS AND CONDITIONS:（その他条件）

Subject to general terms and conditions set forth in back.
（裏面の一般的取引条件によるものとする）

ACCEPTED BY:

①　　　　　　　　　　　　　　　　③

————————————————(Buyer)　　　　　————————————————(Seller)
　　　　　　　　（買手）　　　　　　　　　　　　　　　　（売手）

On　（日付）　————————

Please sign and return one copy.
（署名後一部返送して下さい）
SEE TERMS AND CONDITIONS ON REVERSE SIDE
（裏面約款を御覧下さい）

■解答

SALES CONTRACT （売契約書）

BUYER: （買手） ① STAR LINK Inc.	CONTRACT DATE: （契約日）Aug. 18,20XX ORDER NO.: （注文番号）CH-SAR-011	CONTRACT NO.: （契約番号）JPN-S-0123

DESCRIPTION （商品名）	QUANTITY （数量）	UNIT PRICE （単価）	TOTAL AMOUNT （総額）
		DELIVERY TERMS: ②	CPT San Francisco by Sea
PRESSING MACHINE ITEM PMPN-965	5 sets	YEN1,100,000/set	YEN5,500,000.-
TOTAL: （合計）			YEN5,500,000.-

TRANSSHIPMENT:　　　　（積替え）　Not allowed
PARTIAL SHIPMENT:　　　（分割船積）Not allowed
TIME OF SHIPMENT:　　　（船積時期）By the end of September, 20XX
PORT OF LOADING:　　　（積荷港）　Bangkok, Thailand
PORT OF DESTINATION:　（仕向港）　San Francisco, U.S.A.
PACKING:　　（梱包）　Export Standard Packing
PAYMENT:　　（支払い）T/T remittance at 60 days after B/L date

MARKING:

◇ SL

P   M
PMPN-965
Destination: SF, U.S.A.
Made in Thailand
1-Up

OTHER TERMS AND CONDITIONS:（その他条件）

Subject to general terms and conditions set forth in back.
（裏面の一般的取引条件によるものとする）

ACCEPTED BY:

① STAR LINK Inc.　　　　　　　　③ OSAKA TRADING CORPORATION

_____(Buyer)　　　_____(Seller)
　　　　　　　　　（買手）　　　　　　　　　　　　　　　（売手）

On　（日付）_____

Please sign and return one copy.
（署名後一部返送して下さい）
SEE TERMS AND CONDITIONS ON REVERSE SIDE
（裏面約款を御覧下さい）

⑷　荷送人の船積実行

　次の書類は，タイ王国の PUMIPON INDUSTRY Co., Ltd. によって船積みされた際のインボイス（輸出許可取得のためにバンコク税関に提出されたもの），および，タイ王国の船会社が発行した船荷証券（Bill of Lading：B／L）である。この B／L は指図式なので，PUMIPON INDUSTRY Co., Ltd. は，日本の東京貿易株式会社あてに，船積書類（B／L，インボイス，パッキングリスト等）を封筒に入れて，国際宅配便等で送付する。

　問題1の契約に基づいて，PUMIPON INDUSTRY Co., Ltd. が商品を荷送り
するため，かつタイ王国での輸出通関をするために発行したインボイスである。

INVOICE　(インボイス)

INVOICE NO.: PMPN-09-011　　　　　INVOICE DATE: Sep. 15, 20XX
（インボイス番号）　　　　　　　　　（インボイス日付）

FOR ACCOUNT AND RISK OF:　　　　MARKING:
（買手名・住所）　　　　　　　　　（荷印）

TOKYO TRADING CORPORATION

　　　　　（住所省略）

SHIPPED PER:　"Mandarin"

（船名）

SAILING ON OR ABOUT: Sep. 30, 20XX

（出航日・予定日）

PORT OF LOADING: Bangkok, Thailand

（積港）

PORT OF DESTINATION: San Francisco, U.S.A.

（仕向港）

PAYMENT: T/T remittance at 90 days after B/L date

（支払い）

MARKING:
```
        <SL>
        P  M
      PMPN-965
  Destination: SF, U.S.A.
    Made in Thailand
         1-Up
```

DESCRIPTION	QUANTITY	UNIT PRICE	TOTAL AMOUNT
（商品名）	（数量）	（単価）	（総額）
DELIVERY TERMS: CPT San Francisco by Sea			
（受渡条件）			
PRESSING MACHINE	5 sets	YEN1,000,000/set	YEN5,000,000.-
ITEM PMPN-965			
TOTAL:			YEN5,000,000.-
（合計）			

NET WEIGHT: 2,500 KGS

（純重量）

GROSS WEIGHT: 3,000 KGS

（総重量）

MEASUREMENT: 4.5 M3

（容積）

COUNTRY OF ORIGIN: Kingdom of Thailand

（原産国）

MANUFACTURER: PUMIPON INDUSTRY Co., Ltd.

（製造者名）

　　　　　　　　　　　　　　　　　〔署名〕

　　　　　　　　　　　PUMIPON INDUSTRY Co., Ltd.

第3編　三国間貿易の完全解説

　タイ王国から米国に向けて輸出されたときに発行された船荷証券である。ＣＦＲ契約なので，国際運賃は，タイ・バンコクを船舶が出航する前に PUMIPON INDUSTRY Co., Ltd. がタイの船会社に（立て替えて）前払いしている。タイの船会社は，この船荷証券を PUMIPON INDUSTRY Co., Ltd. に手渡す。

Shipper PUMIPON INDUSTRY Co., Ltd. 56, Emperor road, Bangkok, Thailand	Booking No.	B/L No.: MOLU9986253
Consignee TO ORDER		THAI MAI Lines, Ltd. BILL OF LADING

SHIPPED on board the Goods, or the total number of Containers or other packages or units enumerated below (*) in apparent external good order and condition except as otherwise noted for transportation from the Port of Loading to the Port of Discharge subject to the terms hereof.

One of the original Bills of Lading must be surrendered duly endorsed in exchange for the Goods or Delivery Order unless otherwise provided herein.

In accepting this Bill of Lading the Merchant expressly accepts and agrees to all its terms whether printed, stamped or written, or otherwise incorporated, notwithstanding the non-signing of this Bill of Lading by the Merchant.

IN WITNESS whereof the number of original Bills of Lading stated below have been signed, one of which being accomplished, the other(s) to be void.

Notify Party
US FORWARDER LLC
20 Harrison street, San Francisco,
California, U.S.A.

(Terms of Bill of Lading continued on the back hereof)

**Local vessel / From: Bangkok, Thailand

Declared value USD _____ subject to clause 5 (5) overleaf. If no value declared, liability limit applies as per clause 5 (4) or 32 as applicable.

Ocean vessel "Mandarin" Voy.No. C10 / Port of loading: Bangkok, Thailand

Port of discharge: San Francisco, U.S.A. / For transhipment to / Final destination (for the merchant's reference only)

Marks and Numbers	No.of Pkgs of units	Kind of packages: description of goods	Gross weight (KGS)	Measurement (M3)
SL P M PMPN-965 Destination: SF, U.S.A. Made in Thailand 1-Up		5 Wooden Boxes (5 sets) of PRESSING MACHINE "FREIGHT PREPAID"	3,000 KGS	4.5 M3

*Total number of packages of units.　Five (5) WOODEN BOXES ONLY

Freight and charges	Rate			Collect
Exchange rate	Place and date of issue Bangkok, Thailand September 30, 20XX	No. of original B(s)/L	Prepaid at Bangkok, Thailand	Payable at

Total prepaid in national currency

**Applicable if carriage by local vessel to port of loading of ocean vessel arranged by carrier as agent for the Merchant in accordance with clause 7.

THAI MAI LINES, LTD.

■解答

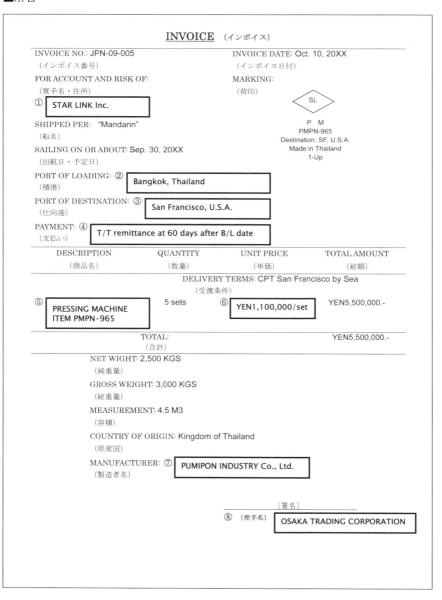

INVOICE （インボイス）

INVOICE NO.: JPN-09-005　　　　　INVOICE DATE: Oct. 10, 20XX
（インボイス番号）　　　　　　　　（インボイス日付）

FOR ACCOUNT AND RISK OF:　　　MARKING:
（買手名・住所）　　　　　　　　　（荷印）

① STAR LINK Inc.

SHIPPED PER: "Mandarin"
（船名）

SAILING ON OR ABOUT: Sep. 30, 20XX
（出航日・予定日）

PORT OF LOADING: ②　　Bangkok, Thailand
（積港）

PORT OF DESTINATION: ③　San Francisco, U.S.A.
（仕向港）

PAYMENT: ④　T/T remittance at 60 days after B/L date
（支払い）

MARKING（荷印）:
SL
P　M
PMPN-965
Destination: SF, U.S.A.
Made in Thailand
1-Up

DESCRIPTION （商品名）	QUANTITY （数量）	UNIT PRICE （単価）	TOTAL AMOUNT （総額）
DELIVERY TERMS: CPT San Francisco by Sea （受渡条件）			
⑤ PRESSING MACHINE ITEM PMPN-965	5 sets	⑥ YEN1,100,000/set	YEN5,500,000.-
TOTAL: （合計）			YEN5,500,000.-

NET WIGHT: 2,500 KGS
（純重量）

GROSS WEIGHT: 3,000 KGS
（総重量）

MEASUREMENT: 4.5 M3
（容積）

COUNTRY OF ORIGIN: Kingdom of Thailand
（原産国）

MANUFACTURER: ⑦　PUMIPON INDUSTRY Co., Ltd.
（製造者名）

〔署名〕

⑧　（売手名）　OSAKA TRADING CORPORATION

┃3．仲介貿易の応用（L／Cスイッチ方式）演習

　日本貿易株式会社（JAPAN TRADING CORPORATION）の貿易課長・鈴木一郎さんは，タイ王国製のプレス機を米国に販売するべく売り込みを行ったところ，米国の STAR LINK Inc.（住所：20 Harrison Street, San Francisco, California, U.S.A., 担当：輸入課長 Andrew Williams）からプレス機の注文を受注し，同社と売契約を締結した。

　鈴木さんは，高品質かつ，より競争力のある価格で販売するため，タイ王国の一流メーカーである PUMIPON INDUSTRY Co., Ltd.（住所：56, Emperor road, Bangkok, Thailand, 担当者：取締役 A. PUMIPON）から製品を購入する契約（買契約）を結んだ。

　製品は，タイ王国から直接米国へ輸出される。

　なお，本事例では，信用状による支払条件で買契約と売契約を締結する。

　支払条件は L／C（売／買ともに）とする。

(1)　買契約
　1）支払条件：Letter of Credit at 90 days after B／L date
　2）受渡条件（貿易条件）：CPT San Francisco by sea
　3）価格条件：US$10,000／set CPT
　4）数量条件：5 sets

(2)　売契約
　1）支払条件：Letter of Credit at sight
　2）受渡条件（貿易条件）：CIP San Francisco by sea
　3）価格条件：US$11,100／set CIP
　4）数量条件：5 sets

●三国間取引（仲介貿易）L／C スイッチ方式の図式●

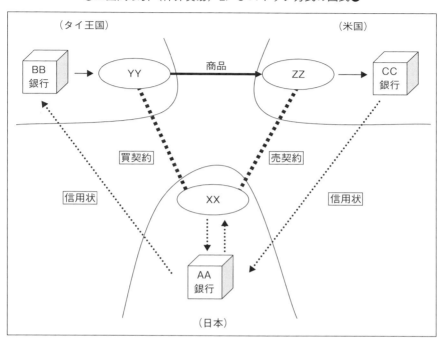

XX: JAPAN TRADING CORPORATION
YY: PUMIPON INDUSTRY Co., Ltd.
ZZ: STAR LINK Inc.
AA: MIYAKO Bank
BB: Thailand World Bank
CC: San Francisco Bank

●信用状開設後，船積みまで●

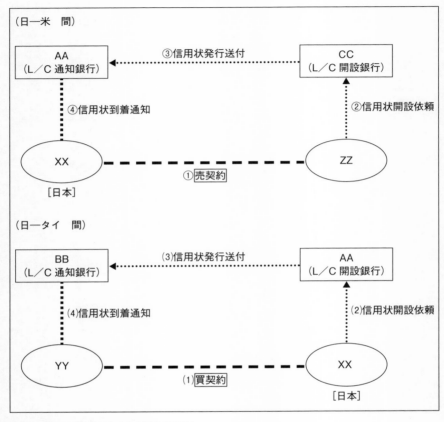

XX: JAPAN TRADING CORPORATION
YY: PUMIPON INDUSTRY Co., Ltd.
ZZ: STAR LINK Inc.
AA: MIYAKO Bank
BB: Thailand World Bank
CC: San Francisco Bank

⑶　買契約書

1．まず最初に，日本貿易株式会社と PUMIPON INDUSTRY Co., Ltd. との間で締結される PURCHASE CONTRACT（買契約書）を作成する。

2．その後，買契約書に基づいて，日本貿易株式会社は自らの取引銀行である日本の都（みやこ）銀行（Miyako Bank, Ltd）に対して信用状開設依頼書を提出する。

3．日本貿易株式会社の信用状開設依頼が日本の都（みやこ）銀行において受諾されると，都銀行が信用状を実際に発行・開設する。

4．もし，契約書と信用状の間に相違する事項があれば，相手方タイ国の PUMIPON INDUSTRY Co., Ltd. から日本貿易株式会社に対して，信用状の修正要求がEメールや国際電話・FAX にて行われる。

　　その修正要求が日本貿易株式会社にとって理由のあることと判断すれば，日本貿易株式会社は都銀行に対して，信用状内容に関するアメンド要請書（内容修正要求書）を作成して提出する。

5．輸出者であるタイ国の PUMIPON INDUSTRY Co., Ltd. は，契約書と信用状の内容が一致して問題がないと判断すると，自ら INVOICE（インボイス）を作成して，タイ国バンコクの税関で輸出通関手続を行う。その後，税関（長）から輸出許可が出ると，商品を船舶に積み込む。この作業が終了すると，船会社等により，船荷証券（B／L）が発行される。

6．今回の信用状には，B／L 正本2部および INVOICE 1部は，国際宅配にて PUMIPON INDUSTRY Co., Ltd. から日本貿易株式会社に直送される。その他重要な船積書類は銀行経由にて，日本貿易株式会社が入手することとなる。

■問題　196頁の条件に従って①〜⑥を埋めて買契約書を完成させよ。

PURCHASE CONTRACT （買契約書）

SELLER: （売手・住所省略） ①	CONTRACT DATE: （契約日）Aug. 18, 20XX	CONTRACT NO.: （契約番号）JPN-P-0123
	ORDER NO.: （注文番号）JTC-ORDR-0123	

DESCRIPTION （商品名）	QUANTITY （数量）	UNIT PRICE （単価）	TOTAL AMOUNT （総額）
	DELIVERY TERMS: ② （受渡条件）		
PRESSING MACHINE ITEM　PMPN-965	5 sets	US$10,000/set	③ US$
TOTAL: （合計）			③ US$

TRANSSHIPMENT （積替え）: 　　　　Not allowed

PARTIAL SHIPMENT （分割船積）: 　Not allowed

TIME OF SHIPMENT （船荷時期）: 　By the end of Sep.,20XX

PORT OF LOADING （積荷港）: 　　Bangkok, Thailand

PORT OF DESTINATION （仕向港）: San Francisco, U.S.A.

PACKING （梱包）: 　　　　　　　Export Standard Packing

PAYMENT （支払い）: ④

MARKING （荷印）:

SL

P　M
PMPN-965
Destination: SF, U.S.A.
Made in Thailand
1-Up

INSURANCE （保険）: ―――――――――

INSPECTION （検査）: 　　　　　　Done by Exporter in Thailand

OTHER TERMS AND CONDITIONS （その他条件）:

Subject to general terms and conditions set forth in back.
（裏面の一般的取引条件によるものとする）

ACCEPTED BY:

⑤　　　　　　　　　　　　　　　　　　⑥

―――――――――――――（Seller）　　　―――――――――――――（Buyer）

A. PUMIPON, Director 　（売手）　　　I.SUZUKI, Manager 　（買手）

Please sign and return one copy.
（署名後一部返送して下さい）
SEE TERMS AND CONDITIONS ON REVERSE SIDE
（裏面約款を御覧下さい）

第6章　仲介貿易取引事例演習

■解答

PURCHASE CONTRACT （買契約書）

SELLER: （売手・住所省略）	CONTRACT DATE: （契約日）Aug. 18, 20XX	CONTRACT NO.: （契約番号）JPN-P-0123
① PUMIPON INDUSTRY Co., Ltd.	ORDER NO.: （注文番号）JTC-ORDR-0123	

DESCRIPTION （商品名）	QUANTITY （数量）	UNIT PRICE （単価）	TOTAL AMOUNT （総額）
		DELIVERY TERMS: ② （受渡条件）	② CPT San Francisco by Sea
PRESSING MACHINE ITEM　PMPN-965	5 sets	US$10,000/set	③ US$ 50,000.-
	TOTAL: （合計）		③ US$ 50,000.-

TRANSSHIPMENT（積替え）: 　　Not allowed

PARTIAL SHIPMENT（分割船積）: 　Not allowed

TIME OF SHIPMENT（船積時期）: 　By the end of Sep.,20XX

PORT OF LOADING（積荷港）: 　　Bangkok, Thailand

PORT OF DESTINATION（仕向港）: 　San Francisco, U.S.A.

PACKING（梱包）: 　　Export Standard Packing

PAYMENT（支払い）: ④　Letter of Credit at 90 days after B/L date

INSURANCE（保険）: ————

INSPECTION（検査）: 　Done by Exporter in Thailand

OTHER TERMS AND CONDITIONS（その他条件）:

MARKING（荷印）:

　　SL
P　M
PMPN-965
Destination: SF, U.S.A.
Made in Thailand
1-Up

Subject to general terms and conditions set forth in back.
（裏面の一般的取引条件によるものとする）

ACCEPTED BY:

⑤ PUMIPON INDUSTRY Co., Ltd.　　⑥ JAPAN TRADING CORPORATION

_____ (Seller)　　_____ (Buyer)

A. PUMIPON, Director　（売手）　　I.SUZUKI, Manager　（買手）

Please sign and return one copy.
（署名後一部返送して下さい）
SEE TERMS AND CONDITIONS ON REVERSE SIDE
（裏面約款を御覧下さい）

①　輸入信用状発行依頼書

　取引契約の決済条件に従って，仲介者である日本貿易株式会社は，取引銀行である都（みやこ）銀行に依頼して，取引の相手方である PUMIPON INDUSTRY Co., Ltd. に対して信用状を開設してもらう。日本貿易株式会社が，取引銀行である都銀行へ提出する信用状の開設依頼書（項目①～⑬）を作成せよ。

　なお，①，⑧，⑨および⑬については，該当する項目の"□"を黒塗りで示し，⑥については，買取時に必要とされている船積書類を"⊠"と示せ。

1）　信用状の有効期限（expiry date）は20XX年10月21日とし，船積期限（Latest shipment）は9月30日とする。

2）　貨物はバンコクからサンフランシスコへ船便にて運送する。

3）　受益者振出しの手形は，船荷証券記載日付から90日後払い（by the beneficiary's draft at 90 days after B／L date）とし，日本以外の地域にて発生する銀行費用はすべて受益者の負担とする。

4）　買取に際して必要な船積書類は次のとおり。

　➤　L／C番号記載のインボイス3通（この3通は銀行へ提出する）。ただし，インボイスはさらにもう1通を国際宅配にて依頼者に対して直送する。

　➤　船荷証券はクリーン船荷証券とし，送り主の指図式，かつ白地裏書した証券全通。ただし，船荷証券の正本3通のうち2通は国際宅配にて依頼者に対して直送する（船荷証券正本3通のうち1通は銀行へ提出する）。

5）　信用状は全文を電信（cable）にて送付する。

■問題　①〜⑬を埋めて輸入信用状発行依頼書を完成させよ。

TO MIYAKO BANK, Ltd.

輸入信用状発行依頼書　　　　　　　　　DATE August 20th, 20XX

APPLICANT'S REFERENCE NO.	CREDIT NO.	ESTABLISHED BY
HKT-789	CB1212	①　□CABLE　□AIRMAIL　□SHORT CABLE WITH AIRMAIL

ADVISING BANK	EXPIRY DATE
Thailand World Bank, Ltd. (住所省略)	③　　　　　　　　　　　　, Bangkok, Thailand

BENEFICIARY	APPLICANT
② (住所省略)	④ (住所省略)
	AMOUNT US $ 50,000.-

Dear Sirs,

We hereby request you to issue an irrevocable documentary credit available by the beneficiary's draft at

⑤　　　　　　　　　　　　　　drawn on you or your correspondent at your option of 100% invoice cost

accompanied by the following documents marked "×".

⑥
- □ Signed commercial invoice in three originals.　Another one original invoice shall be sent to Applicant by an Express Courier directly.
- □ One third of clean on board ocean bill of lading made out to order of shipper, and blank endorsed.　And the rest of original bills of lading shall be sent to Applicant by an Express Courier directly.
- □ Air waybill consigned to the Bank of
- □ Marine insurance policy or certificate in duplicate, endorsed in blank, for 110% of the invoice cost including :
  The Institute War Clauses, and the Institute Cargo Clauses (All Risks) and the Institute Strikes Riots and Civil Commotions Clauses.
- □ Packing List　□ Certificate of origin

Trade Terms : ⑦

⑧PARTIAL SHIPMENT	⑨TRANSHIPMENT	SHIPMENT	
□ALLOWED　□PROHIBITED	□ALLOWED　□PROHIBITED	FROM ⑩	TO ⑪
⑫LATEST SHIPMENT	THE DOCUMENTS MUST BE PRESENTED WITHIN 15 DAYS AFTER THE DATE OF SHIPMENT BUT WITHIN THE CREDIT VALIDITY.		

⑬ALL BANKING CHARGES OUTSIDE JAPAN ARE FOR	CONFIRMATION BY ADVISING	T.T. REIMBURSEMENT
A/C OF　□BENEFICIAFLY　□APPLICANT	BANK　□ADDING	■ACCEPTABLE　□PROHIBITED

SPECIAL CONDITIONS :

| In consideration of your issuing a letter of credit substantially conforming to the above request, we hereby agree and undertake to hold ourselves liable to you as per provisions set forth in the agreement on letter of credit transactions signed by us separately submitted to you.

Japan Trading Corporation

_____ (signed)
Suzuki, Manager | FOR BANK USE ONLY

USANCE FACILITIES
(　　) DAYS　　□HONPOH LOAN　　□ACCEPTANCE
FAX印 |

■解答

TO MIYAKO BANK, Ltd.

輸入信用状発行依頼書　　　　　　　DATE August 20th, 20XX

APPLICANT'S REFERENCE NO.	CREDIT NO.	ESTABLISHED BY
HKT-789	CB1212	① ■CABLE □AIRMAIL □SHORT CABLE WITH AIRMAIL

ADVISING BANK	EXPIRY DATE
Thailand World Bank, Ltd. (住所省略)	③ October 21, 20XX,　　Bangkok, Thailand

BENEFICIARY	APPLICANT
② PUMIPON INDUSTRY Co., Ltd. (住所省略)	④Japan Trading Corporation (住所省略)
	AMOUNT
	US $ 50,000.-

Dear Sirs,

We hereby request you to issue an irrevocable documentary credit available by the beneficiary's draft at ⑤ **90 days after B/L date** drawn on you or your correspondent at your option of 100% invoice cost accompanied by the following documents marked "×".

⑥

⊠ Signed commercial invoice in three originals.　Another one original invoice shall be sent to Applicant by an Express Courier directly.

⊠ One third of clean on board ocean bill of lading made out to order of shipper, and blank endorsed.　And the rest of original bills of lading shall be sent to Applicant by an Express Courier directly.

□ Air waybill consigned to the Bank of

□ Marine insurance policy or certificate in duplicate, endorsed in blank, for 110% of the invoice cost including :

The Institute War Clauses, and the Institute Cargo Clauses (All Risks) and the Institute Strikes Riots and Civil Commotions Clauses.

□ Packing List □ Certificate of origin

Trade Terms : ⑦ **CPT San Francisco by sea**

⑧PARTIAL SHIPMENT	⑨TRANSHIPMENT	SHIPMENT
□ALLOWED ■PROHIBITED	□ALLOWED ■PROHIBITED	FROM ⑩ BANGKOK, THAILAND TO ⑪San Francisco, USA

⑫LATEST SHIPMENT	THE DOCUMENTS MUST BE PRESENTED WITHIN 15 DAYS AFTER THE DATE OF
September 30th, 20XX	SHIPMENT BUT WITHIN THE CREDIT VALIDITY.

⑬ALL BANKING CHARGES OUTSIDE JAPAN ARE FOR	CONFIRMATION BY ADVISING	T.T. REIMBURSEMENT
A/C OF ■BENEFICIAFLY □APPLICANT	BANK □ADDING	■ACCEPTABLE □PROHIBITED

SPECIAL CONDITIONS :

| In consideration of your issuing a letter of credit substantially conforming to the above request, we hereby agree and undertake to hold ourselves liable to you as per provisions set forth in the agreement on letter of credit transactions signed by us separately submitted to you.

Japan Trading Corporation

_____ (signed)
　　　　　　　Suzuki, Manager | FOR BANK USE ONLY

USANCE FACILITIES
(　　) DAYS □HONPOH LOAN □ACCEPTANCE

FAX 印 |

■解答

TO:　THE MIYAKO BANK, Ltd.		DATE: September 10th, 20XX
APPLICATION FOR AMENDMENT TO DOCUMENTARY CREDIT	CREDIT NO. CB1212	APPLICANT'S REFERENCE NO. HKT-789
ADVISING BANK THAILAND WORLD BANK, Ltd.	FOR ACCOUNT OF JAPAN TRADING CORPORATION	
BENEFICIARY PUMIPON INDUSTRY Co., Ltd.	ORIGINAL AMOUNT USD 50,000. -	EXPIRTY DATE OCTOBER 21ST, 20XX

Dear Sirs,

We hereby request you to amend the above mentioned credit □ BY AIRMAIL ■ BY CABLE □ BY SHORT CABLE WITH AIRMAIL as follows:

ORIGINAL

Latest Shipment:　①**September 20th, 20XX**

TO BE AMENDED

Latest Shipment:　②**September 30th, 20XX**

All other terms and conditions remain unchanged.

□ Kindly obtain the beneficiary's consent on this matter. (Please check, if necessary.)

In consideration of your having accepted the above mentioned alteration(s), I/We unconditionally agree to perform all my/our obligations and/or liabilities under the credit as altered without fail, and to assume all the responsibilities as pledged in the original agreement. I/We shall reimburse you with all and any such expenses and charges as may be paid and incurred by you in connection therewith.	FOR BANK USE ONLY		
Yours faithfully,			
Japan Trading Corporation	検印	主務印	署名照合印
AUTHORIZED SIGNATURE			

[PUMIPON INDUSTRY Co., Ltd.]

INVOICE （インボイス）

INVOICE NO.: PMPN-09-011

（インボイス番号）

FOR ACCOUNT AND RISK OF:

（買手名・住所）

JAPAN TRADING CORPORATION

（住所省略）

SHIPPED PER: "Mandarin"

（船名）

SAILING ON OR ABOUT: Sep. 30, 20XX

（出航日・予定日）

PORT OF LOADING: Bangkok, Thailand

（積港）

PORT OF DESTINATION: San Francisco, U.S.A.

（仕向港）

PAYMENT: Letter of Credit at 90 days after B/L date

（支払い）

INVOICE DATE: Sep. 30, 20XX

（インボイス日付）

MARKING:

（荷印）

SL

P　M
PMPN-965
Destination: SF, U.S.A.
Made in Thailand
1-Up

DESCRIPTION	QUANTITY	UNIT PRICE	TOTAL AMOUNT
（商品名）	（数量）	（単価）	（総額）
DELIVERY TERMS: CPT San Francisco by Sea			
（受渡条件）			
PRESSING MACHINE ITEM PMPN-965	5 sets	US$10,000/SET	US$50,000.-
TOTAL:			US$50,000.-
（合計）　CPT San Francisco by Sea			

NET WIGHT: 2,500 KGS

（純重量）

GROSS WEIGHT: 3,000 KGS

（総重量）

MEASUREMENT: 4.5 M3

（容積）

COUNTRY OF ORIGIN: Kingdom of Thailand

（原産国）

MANUFACTURER: PUMIPON INDUSTRY Co., Ltd.

（製造者名）

〔署名〕

PUMIPON INDUSTRY Co., Ltd.

230

④　船荷証券（Bill of Lading: 通称 B／L）

輸出貨物の船積みが終了すると，船荷証券（B／L）が船会社から発行される。

B／L の Shipper とは荷送人のことで，一般的には輸出者名が記載される。また，Consignee とは荷受人のことを指し，支払条件が電信送金方式の場合は，輸入者名を記載するのが一般的だが，今回のような信用状を支払方法とする場合は，具体的名称を記載するのではなく，"To（the）order" や "To（the）order of shipper" など「指図人」記載方式を行って，貨物の所有権を移転させることになる。

これは，B／L が有価証券であることから，信用状発行銀行が貨物代金支払を担保するために行う方式である。正確な記載方法は，信用状の内容に従って記載する。

B／L の Notify Party とは，輸入貨物の到着に関する通知宛人を記載するもので，一般的には輸入者や輸入者の通関業務を行う物流・通関業者名が記載されるが，信用状による取引では，信用状記載内容に従う。

Shipper	Booking No.	B/L No.:MOLU9986253

PUMIPON INDUSTRY Co., Ltd.

56, Emperor road, Bangkok,

Thailand

THAI MAI Lines, Ltd.

BILL OF LADING

Consignee

To order of shipper

SHIPPED on board the Goods, or the total number of Containers or other packages or units enumerated below (*) in apparent external good order and condition except as otherwise noted for transportation from the Port of Loading to the Port of Discharge subject to the terms hereof.

Notify Party

STAR LINK Inc.

20 Harrison street, San Francisco,

California, U.S.A.

One of the original Bills of Lading must be surrendered duly endorsed in exchange for the Goods or Delivery Order unless otherwise provided herein.

In accepting this Bill of Lading the Merchant expressly accepts and agrees to all its terms whether printed, stamped or written, or otherwise incorporated, not withstanding the non-signing of this Bill of Lading by the Merchant.

IN WITNESS whereof the number of original Bills of Lading stated below have been signed, one of which being accomplished, the other(s) to be void.

**Local vessel | From

Bangkok, Thailand

(Terms of Bill of Lading continued on the back hereof)

Ocean vessel | Voy.No. | Port of loading

"Mandarin" C10 | Bangkok, Thailand

Declared value USD _____ subject to clause 5 (5) overleaf. If no value declared, liability limit applies as per clause 5 (4) or 32 as applicable.

Port of discharge | For transhipment to | Final destination (for the merchant's reference only)

San Francisco, U.S.A.

Particulars furnished by shipper

Marks and Numbers	No.of Pkgs of units	Kind of packages: description of goods	Gross weight (KGS)	Measurement (M3)
◇ SL			3,000 KGS	4.5 M3
P M PMPN-965 Destination: SF, U.S.A. Made in Thailand 1-Up		5 Wooden Boxes(5 sets) of PRESSING MACHINE		

"FREIGHT PREPAID"

*Total number of packages of units. **Five (5) WOODEN BOXES ONLY**

Freight and charges	Rate			Collect
Exchange rate	Place and date of issue Bangkok, Thailand September 30, 20XX	No. of original B(s)/L	Prepaid at Bangkok, Thailand	Payable at
	Total prepaid in national currency			

**Applicable if carriage by local vessel to port of loading of ocean vessel arranged by carrier as agent for the Merchant in accordance with clause 7.

THAI MAI LINES, Ltd.

●信用状（訳本）●

発行銀行	サンフランシスコ銀行 米国 サンフランシスコ市 ウォール大通り8番	荷為替信用状	番号 12345
発行日・発行地	20XX 年 8 月 20 日 ニューヨーク	信用状有効期限及び提出場所	
信用状発行依頼人	STAR LINC 社 米国 サンフランシスコ市 ハリソン通り 20 番	有効期限　20XX 年 10 月 31 日 提出場所　日本国　横浜	
信用状通知銀行	みやこ銀行 日本国神奈川県横浜市 中区新港 1 丁目 4-19	受益者　　日本貿易株式会社 　　　　　日本国神奈川県横浜市中区 　　　　　桜木町 3 丁目 6-18	
分割船積	□ 許容される ☑ 許容されない	総額　　　55,500.- 米ドル	
積換	□ 許容される ☑ 許容されない	（支払、引受、買取、後日払指示）	
□ 保険は買手が付保する		この信用状は、下記の書類及び受益者が 振り出した当行（サンフランシスコ銀行	
船積 船積港 到着港 船積期限	 バンコク サンフランシスコ 20XX 年 9 月 30 日	サンフランシスコ市、米国）を支払人とする 一覧払いの為替手形の呈示と引換えに みやこ銀行にて買取形式で使用できます。	

（1）署名済の商業インボイス　原本1通及び写し3通
（2）インボイス金額の 110%につき、協会貨物約款（全危険担保）を担保している2通
　　　（正本）の海上保険証券または保険承認状
（3）荷送人（シッパー）の指図式で白地裏書をし、運賃支払済として記載された無故障船積
　　　船荷証券の正本3通のうち1通（呈示）
（4）商業インボイス（正本）1通、船荷証券の正本3通のうち1通、並びに海上保険証券
　　　または保険証明書のコピー1通は、STAR LINK 社宛てに EMS または国際宅急便にて
　　　直送しなければならない。
（5）第三者発行の船荷証券は許容
（6）期間経過の船荷証券は許容
（7）貨物は圧縮機械・商品番号 PMPN-965　5 セットにて貿易条件は CIP サンフランシスコ

この信用状は荷為替信用状に関する統一規則および慣例（2007 年改訂）国際商業会議所出版物番号
600 を適用します。

　　　　　　　　　　　　　　　　　　　　　　　　　　　　　〔署名〕

　　　　　　　　　　　　　　　　　　　　　　　　　　　　〔発行銀行名〕

②　インボイス

　仲介者の作成したインボイスにより米国の STAR LINK 社は米国サンフランシスコでの輸入通関手続（輸入申告）を行う。

　次の条件を考慮してインボイスに必要情報を記載せよ。

◆　出航（予定）日　：　20XX 年 9 月30日
◆　積　　　　港　：　Bangkok, Thailand
◆　仕　向　港　：　San Francisco, U.S.A.
◆　支　払　条　件　：　Letter of Credit at sight
◆　商　　　　品　：　PRESSING MACHINE ITEM PMPN-965
◆　単　　　　価　：　US$11,100／set CIP San Francisco by sea

■問題　①〜⑧を埋めてインボイスを完成させよ。

INVOICE （インボイス）

INVOICE NO.: JPN-09-005
（インボイス番号）

INVOICE DATE: Sep. 30, 20XX
（インボイス日付）

FOR ACCOUNT AND RISK OF:
（買手名・住所）
①

MARKING:
（荷印）

SL

P　M
PMPN-965
Destination: SF, U.S.A.
Made in Thailand
1-Up

SHIPPED PER: "Mandarin"
（船名）

SAILING ON OR ABOUT: Sep. 30, 20XX
（出航日・予定日）

PORT OF LOADING: ②
（積港）

PORT OF DESTINATION: ③
（仕向港）

PAYMENT: ④
（支払い）

DESCRIPTION（商品名）	QUANTITY（数量）	UNIT PRICE（単価）	TOTAL AMOUNT（総額）
DELIVERY TERMS: CIP San Francisco by Sea （受渡条件）			
⑤	5 sets	⑥	US$55,500.-
TOTAL:（合計）　CIP San Francisco by Sea			US$55,500.-

NET WIGHT: 2,500 KGS
（純重量）

GROSS WEIGHT: 3,000 KGS
（総重量）

MEASUREMENT: 4.5 M3
（容積）

COUNTRY OF ORIGIN: Kingdom of Thailand
（原産国）

MANUFACTURER: ⑦
（製造者名）

〔署名〕
⑧　（売手名）

■解答

INVOICE （インボイス）

INVOICE NO.: JPN-09-005　　　　　　　INVOICE DATE: Sep. 30, 20XX
（インボイス番号）　　　　　　　　　　　（インボイス日付）

FOR ACCOUNT AND RISK OF:　　　　　MARKING:
（買手名・住所）　　　　　　　　　　　　（荷印）

①STAR LINK Inc.
20 Harrison street, San Francisco,
California, U.S.A.

◇ SL ◇

P　M
PMPN-965
Destination: SF, U.S.A.
Made in Thailand
1-Up

SHIPPED PER: "Mandarin"
（船名）

SAILING ON OR ABOUT: Sep. 30, 20XX
（出航日・予定日）

PORT OF LOADING: ② Bangkok, Thailand
（積港）

PORT OF DESTINATION: ③ San Francisco, U.S.A.
（仕向港）

PAYMENT: ④ Letter of Credit at sight
（支払い）

DESCRIPTION （商品名）	QUANTITY （数量）	UNIT PRICE （単価）	TOTAL AMOUNT （総額）
		DELIVERY TERMS: CIP San Francisco by Sea （受渡条件）	
⑤PRESSING MACHINE ITEM PMPN-965	5 sets	⑥US$11,100/set	US$55,500.-
	TOTAL: （合計）　CIP San Francisco by Sea		US$55,500.-

NET WIGHT: 2,500 KGS
（純重量）

GROSS WEIGHT: 3,000 KGS
（総重量）

MEASUREMENT: 4.5 M3
（容積）

COUNTRY OF ORIGIN: Kingdom of Thailand
（原産国）

MANUFACTURER: ⑦PUMIPON INDUSTRY Co., Ltd.
（製造者名）

〔署名〕
⑧ JAPAN TRADING CORPORATION

■解答

No. TTB-001....................... (Place).Yokohama..................... (date). October 15,20XX......

BILL OF EXCHANGE

For US$ ① 　**55,500.-**

At ...xxxxxxxxxxxxxxxxxxxxxxxx... ... sight of this FIRST Bill of Exchange (Second of the same tenor and date being unpaid) Pay to Miyako Bank ....or order the sum of

U.S. Dollars ② 　**Fifty-five Thousand Five Hundred**　Only

Value received and charge the same to account of .... STAR LINK Inc., 20 Harrison Street, San Francisco, U.S.A. .... Drawn under San Francisco Bank, 8th Wall Avenue, San Francisco, U.S.A. ....

L/C No. 12345 .... dated August 20, 20XX ....

To ③ 　**San Francisco Bank**　　④ 　**JAPAN TRADING CORPORATION**

8th Wall Avenue
San Francisco, U.S.A.

.... (signed) ....
I.Suzuki, Export Manager

第 7 章

三国間取引代理

　日本貿易株式会社（JAPAN TRADING CORPORATION）の貿易課長・鈴木一郎さんは，タイ王国のプレス機メーカーである PUMIPON INDUSTRY Co., Ltd.（住所：56, Emperor road, Bangkok, Thailand, 担当者：取締役 A. PUMIPON）との間で，全世界を領域として，そのプレス機を販売・拡販するための代理権を有しており，代理店契約（Agency Agreement）を締結している。

　今般，米国の STAR LINK Inc.（住所：20 Harrison street, San Francisco, California, U.S.A., 担当：輸入課長 Andrew Williams）より鈴木さんに対して引き合いがあり，タイ王国製のプレス機を購買したいとのEメールが入った。早速鈴木さんは，代理権を持っている PUMIPON INDUSTRY Co., Ltd. のプレス機を米国の STAR LINK Inc. に紹介した。

　その結果，タイ王国の PUMIPON INDUSTRY Co., Ltd. は米国の STAR LINK Inc. との間で，直接売買契約を締結して，両社間で物品の引渡しを行うことが決定し，貿易取引が完了した。

　日本貿易株式会社は，その後 PUMIPON INDUSTRY Co., Ltd. との代理店契約に基づき，取引成功報酬として代理店手数料を取得することができた。

●仲介貿易を除く三国間取引代理の事例●

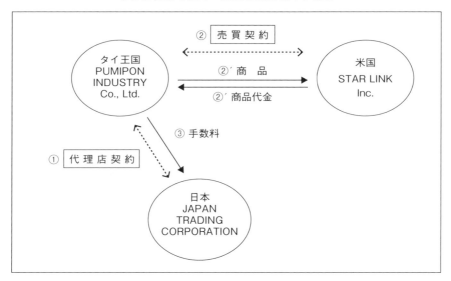

1．三国間取引代理における事務手続

（i）　まず代理人は最初に上記①のように本人側（このケースでは，タイ王国の PUMIPON INDUSTRY Co., Ltd.）との間で代理店契約を締結するのが先決である。

（ii）　その後，②のように，売主と買主の売買契約が成立したあと，②´のとおり商品の引渡しと代金の支払いが行われる。

（iii）　最後に代理人は，売主から売主作成のインボイスのコピーを PDF／FAX で入手した後③のとおり手数料契約書を作成して入金を行うこととする。

(1)　独占代理店基本契約書

Sole and Exclusive Agency Agreement
独占代理店基本契約書

This Agreement made and entered into between JAPAN TRADING CORPORATION with its head office at 9-4, 2-chome, Kita-ku, Osaka, Japan (hereinafter called "Agent") and PUMIPON INDUSTRY Co., Ltd. with its business office at 56, Emperor road, Bangkok, Thailand (hereinafter called "Company")

本契約は，その本社を日本国大阪府大阪市北区 2-9-4 に有する日本貿易株式会社（本契約中にて以下「代理店」と称する）と，その営業所をタイ王国バンコク，エンペラロード56に有する PUMIPON INDUSTRY 社（本契約中にて以下「会社」と称する）との間で締結され，

WITNESSETH:

以下のことを証する。

The parties hereto agree that Company shall export such products as specified in Article 2 in the territory as specified in Article 3 through the service of Agent in accordance with the terms and conditions specified hereunder.

上記両当事者は，会社が第2条に定める製品を第3条に定める地域へ，本契約中にて以下規定する諸条件に従い，代理店の役務を通じて輸出することに合意する。

Article 1.　Appointment of Agent

Subject to the term of this Agreement, Company appoints Agent as its Sole and Exclusive agent for the sales of products as hereinafter specified in the territory as defined hereinafter.

第7章　三国間取引代理

第1条　　代理店の指名

会社は，本契約の条件に従って，本契約中にて以下に規定する地域における製品の販売に関する唯一かつ独占的代理店として，代理店を指名する。

Article 2.　Products

The products covered under this Agreement shall mean all Pressing Machine(s) manufactured by Company, and those spare parts as agreed from time to time between the parties (hereinafter called "Products").

第2条　　契約品

本契約の対象となる製品は，会社が製造するあらゆる圧縮機，および当事者間で随時合意されるそれらの部品を意味するものとする（本契約にて以下「契約品」と称する）。

Article 3.　Territory

The territory covered under this Agreement shall mean country of the U.S.A. (hereinafter called "Territory").

第3条　　契約地域

本契約の対象となる地域は，米国を意味するものとする（本契約にて以下「契約地域」と称する）。

Article 4.　Relationship

The relationship between Company and Agent shall not be that of a vendor and a vendee but that of a principal and an agent.

第４条　　関係

会社と代理店との関係は，売手と買手の関係ではなく，本人と代理店の関係である。

Article 5.　Object of Contract

1．Agent shall perform market research and analysis for Products on behalf of Company.
2．Agent shall regularly call upon present clients of Company for the purpose of increasing sales of Products to such customers.
3．Agent shall seek out new customers for Company in Territory and solicit orders for Products from such customers.
4．Agent shall not be authorized to conclude any contract or receive payment on behalf of Company, and shall not make any representation, warranty promise or any other act binding upon Company.

第５条　　契約の目的

1．代理店は，会社に代わって契約品に関する市場調査および分析を実施するものとする。
2．代理店は，顧客に対する契約品の販売を増大させる目的で，会社の現有顧客を定期的に訪問するものとする。
3．代理店は，契約地域内での会社の新規顧客を開拓し，当該顧客から契約品の注文を得るものとする。
4．代理店は，会社のために契約を締結し，または支払いを受領する権限を与えられないものとし，会社を拘束するいかなる表示，保証，約束も行わないものとする。

Article 6.　Fiscal Obligation

Agent undertakes at its own cost and responsibility all fiscal obligations imposed on self-employed parties under the laws of Agent's country.

第6条　　会計的義務

代理店は，代理店の国の法律に基づき自営する者に課せられるすべての会計的義務を自己の費用および責任で履行することを約束する。

Article 7.　Exclusivity

1．Company shall not sell any Products to a person or a firm in Territory without paying any commission to Agent.
2．Company shall not appoint any agent other than Agent in Territory without prior written consent of Agent.

第7条　　独占性

1．会社は，代理店に対していかなる手数料を支払うことなく契約地域内の個人または企業に契約品を直接販売してはならない。
2．会社は，代理店の事前の書面による同意なくして契約地域において代理店以外の代理人を指名しないものとする。

Article 8.　Competition

Throughout the term hereof, Agent shall not either directly or indirectly, in its own name or in that of third parties, manufacture, sell or represent any products competing with Products, nor represent third parties which manufacture or sell such competing products.

第8条　　競合

本契約期間中，代理店は，直接または間接を問わず，自己の名義でまたは第三者の名義で，契約品と競合するいかなる製品も製造，販売または代理しないものとし，当該競合品を製造若しくは販売している第三者の代理をしないものとする。

Article 9.　Minimum Sales

Agent shall make best efforts to solicit orders from customers in Territory and the total sales amounts shall be reached to US dollar one million (US$1,000,000.-) at least for one year on and after the date of this Agreement.

第9条　　最低販売（額）

代理店は，契約地域内で顧客から注文を集めるよう最善を尽くすものとし，その総販売額は，少なくとも本契約の締結日より1年間に米国通貨100万ドルに達するべきものとする。

Article 10.　Commission

Company shall pay Agent a commission of five（5）percent on the CPT value of Products which have been effectively supplied by Company and payment for which has been duly received by Company. The commission shall be settled within 30 days by T/T remittance after the payment of invoices by customer.

第10条　　手数料

会社は会社が有効に供給した注文のCPT価額でかつ会社が正当に受領した支払いにつき，その5％の手数料を代理店に支払うものとする。手数料は，顧客によるインボイスの支払後30日以内に電信送金にて支払われるものとする。

Article 11.　Payment of Commission

Agent shall have no claim against Company in respect of commission until such time as payment for Products is actually made by customer.

第11条　　手数料の支払い

代理店は，契約品に対する支払いが実際に顧客により実行されるまでは，手数料に関して，会社に対し請求権を有しないものとする。

①　外国等の自由貿易協定

(1)　アセアン（東南アジア諸国連合）域内の自由貿易協定
(2)　中国とアセアンとの間の自由貿易協定
　　　（ACFTA：ASEAN CHINA Free Trade Agreement）

②　日本とアセアン包括的 EPA

(1)　Back to Back CO〔連続する原産地証明書〕
(2)　累積規定

③　三国間取引への利用

(1)　一般原産地証明書
(2)　日本アセアン協定の連続する原産地証明書
(3)　ACFTA の MC

①　外国等の自由貿易協定

(1)　アセアン（東南アジア諸国連合）域内の自由貿易協定

アセアン域内の自由貿易協定は，ASEAN 物品貿易協定（ASEAN Trade in Goods Agreement：ATIGA, 2010年5月発効）によって，"FORM D" と呼ぶ原産地証明書を利用している。

2018年1月1日からアセアン域内の関税が原則全て撤廃された。

(2)　中国とアセアンとの間の自由貿易協定
　　　（ACFTA：ASEAN CHINA Free Trade Agreement）

①　ACFTA 概況

2010年1月に ACFTA の締結発効によってアセアンと中国との間の約90％品目の関税率が撤廃された。域内人口は約19億人であり，名目 GDP となる経済規模が約6兆ドルの巨大市場となった。

この協定においては次のように分類して実施される。

　　（ⅰ）　ASEAN 6…ブルネイ・インドネシア・マレーシア・フィリピン・シンガポール・タイ

　　（ⅱ）　その他（CLMV）…カンボジア・ラオス・ミャンマー・ベトナム

ANNEX 7

Original (Duplicate/Triplicate)

1. Goods consigned from (Exporter's business name, address, country)	Reference No.
	ASEAN TRADE IN GOODS AGREEMENT/ ASEAN INDUSTRIAL COOPERATION SCHEME CERTIFICATE OF ORIGIN (Combined Declaration and Certificate)
2. Goods consigned to (Consignee's name, address, country)	FORM D Issued in _____ (Country) See Overleaf Notes

3. Means of transport and route (as far as known)

Departure date

Vessel's name/Aircraft etc.

Port of Discharge

4. For Official Use

☐ Preferential Treatment Given Under ASEAN Trade in Goods Agreement

☐ Preferential Treatment Given Under ASEAN Industrial Cooperation Scheme

☐ Preferential Treatment Not Given (Please state reason/s)

....
Signature of Authorised Signatory of the Importing Country

5. Item number	6. Marks and numbers on packages	7. Number and type of packages, description of goods (including quantity where appropriate and HS number of the importing country)	8. Origin criterion (see Overleaf Notes)	9. Gross weight or other quantity and value (FOB) where RVC is applied	10. Number and date of invoices

11. Declaration by the exporter

The undersigned hereby declares that the above details and statement are correct; that all the goods were produced in

....
(Country)

and that they comply with the origin requirements specified for these goods in the ASEAN Trade in Goods Agreement for the goods exported to

....
(Importing Country)

....
Place and date, signature of authorised signatory

12. Certification

It is hereby certified, on the basis of control carried out, that the declaration by the exporter is correct.

....
Place and date, signature and stamp of certifying authority

13
☐ Third Country Invoicing ☐ Exhibition

☐ Accumulation ☐ De Minimis

☐ Back-to-Back CO ☐ Issued Retroactively

☐ Partial Cumulation

430

（出所）　Association of South East Asian Nations ウェブサイト

②　ACFTA の仲介貿易と移動証明書（Movement Certificate）

ACFTA における原産地証明書を FORM E と呼ぶ。

●事例　CO（Certificate of Origin）原産地証明書●

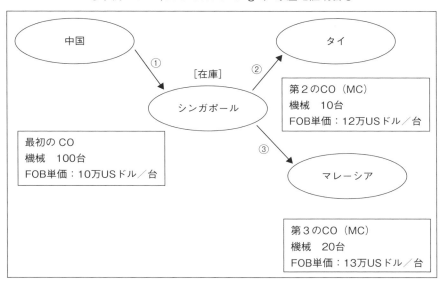

最初の CO
機械　100台
FOB単価：10万USドル／台

[在庫]

第2のCO（MC）
機械　10台
FOB単価：12万USドル／台

第3のCO（MC）
機械　20台
FOB単価：13万USドル／台

付録　外国等の自由貿易協定

ORIGINAL

1. Products consigned from (Exporter's business name, address, country)	Reference No.

ASEAN-CHINA FREE TRADE AREA
PREFERENTIAL TARIFF
CERTIFICATE OF ORIGIN
(Combined Declaration and Certificate)

FORM E

Issued in _____
(Country)

See Overleaf Notes

2. Products consigned to (Consignee's name, address, country)

3. Means of transport and route (as far as known)	4. For Official Use

Departure date

☐ Preferential Treatment Given

Vessel's name/Aircraft etc.

☐ Preferential Treatment Not Given (Please state reason/s)

Port of Discharge

Signature of Authorised Signatory of the Importing Party

5. Item number	6. Marks and numbers on packages	7. Number and type of packages, description of products (including quantity where appropriate and HS number of the importing Party)	8. Origin criteria (see Overleaf Notes)	9. Gross weight or other quantity and value (FOB)	10. Number and date of invoices

11. Declaration by the exporter

The undersigned hereby declares that the above details and statement are correct; that all the products were produced in

_____
(Country)

and that they comply with the origin requirements specified for these products in the Rules of Origin for the ACFTA for the products exported to

_____
(Importing Country)

_____
Place and date, signature of authorised signatory

12. Certification

It is hereby certified, on the basis of control carried out, that the declaration by the exporter is correct.

_____
Place and date, signature and stamp of certifying authority

13.
☐ Issued Retroactively   ☐ Exhibition
☐ Movement Certificate   ☐ Third Party Invoicing

(出所)　The Ministry of International Trade and Industry, Malaysia　ウェブサイト

260

　上記の場合は，まず中国の a 社にて出荷船積みする際に，中国当局による，ACFTA に基づく原産地証明書の発給の後，シンガポールの b 社は，中国発給の原産地証明書および b 社のリインボイスにより，シンガポール当局に第 2 の原産地証明書（Movement Certificate：連続する原産地証明書）の発給をさせて，タイの C 社にそれらの書類を送付することとなる。

　なお，この第 2 の原産地証明書は，第 1 の原産地証明書と同じ様式 E（Form E）を使用するが，項目13番に " ☑Movement Certificate" として，当局がチェックを入れることとなる（ACFTA の CO は，FOB 価格を記入することに注意が必要である）。

■著者略歴

中矢　一虎（なかや　かずとら）

　1958年大阪生まれ。1981年神戸大学法学部卒業後，住友商事株式会社に入社。会社派遣のフランス留学を経て，パリに6年間，ロンドンに2年間駐在し，主に化学品の貿易取引に携わる。

　今日まで，欧米・中国・アジア・アフリカ・中東など世界80ヵ国以上を国際取引にて歴訪した経験を持つ。現在，中矢一虎法務事務所（司法書士・行政書士）・リーガルマネジメントLLP・国際法務株式会社等の代表を務め，国際契約書の相談や作成を行う司法書士および行政書士であり，日本貿易振興機構（ジェトロ）貿易実務オンライン講座「英文契約編」の監修も行った。

　また，大阪市立大学商学部講師，公益財団法人大阪産業局（大阪府・大阪市の公益法人）国際ビジネスセンター（英文契約書）専門アドバイザー，ならびに各種企業や団体が主催する講演会・研修会の講師としても幅広く活躍している。

■http://nakayakazutora.com/

貿易実務の基本と三国間貿易完全解説＜第2版＞

2015年5月1日　第1版第1刷発行
2019年4月5日　第1版第3刷発行
2020年4月1日　第2版第1刷発行

著　者　　中　矢　一　虎
発行者　　山　本　　　継
発行所　　㈱中央経済社
発売元　　㈱中央経済グループ
　　　　　パブリッシング

〒101-0051　東京都千代田区神田神保町1-31-2
電　話　03（3293）3371（編集代表）
　　　　03（3293）3381（営業代表）
http://www.chuokeizai.co.jp/
印刷／文唱堂印刷㈱
製本／㈲井上製本所

©2020
Printed in Japan

ベーシック+プラス
Basic Plus

Let's START!
学びにプラス！
成長にプラス！
ベーシック＋で
はじめよう！

いま新しい時代を切り開く基礎力と応用力を兼ね備えた人材が求められています。
このシリーズは，各学問分野の基本的な知識や標準的な考え方を学ぶことにプラスして，一人ひとりが主体的に思考し，行動できるような「学び」をサポートしています。

ベーシック＋専用HP

教員向けサポートも充実！

中央経済社